Univers des Lettres Bordas

ANTHOLOGIE

LA POÉSIE FRANÇAISE DU XXᵉ SIÈCLE

par

Daniel BERGEZ

Agrégé des Lettres
Professeur de Première supérieure

D0596332

© Bordas, Paris, 1986
ISBN 2-04-016692-0
ISSN 0249-7220

AVANT-PROPOS

Il n'est sans doute pas de tâche plus urgente, pour un auteur d'anthologie, que de se faire pardonner l'audace de son entreprise. Composer un florilège, c'est opérer et imposer des choix, s'en remettre bien souvent à sa subjectivité tant il est vrai, comme l'écrivait Éluard, que « le meilleur choix de poèmes est celui que l'on fait pour soi ». Ces choix ont été aussi commandés par les dimensions modestes de cet ouvrage : la place nous a manqué, au point que certains poètes ne sont ici présents que par un ou deux textes, tandis que nous avons dû exclure de cette anthologie bien des noms d'abord retenus : Tristan Tzara, Pierre Emmanuel, Michel Leiris, Patrice de La Tour du Pin, Jean-Claude Renard, Jacques Dupin, parmi tant d'autres. De même avons-nous dû nous imposer des limitations parfois bien contraignantes : dans le temps (à l'exception de Paul Claudel, Francis Jammes et Paul-Jean Toulet, nous n'avons pas retenu de poètes nés avant 1870) comme par la longueur : pour éviter de procéder à des coupures mutilantes, ont été presque systématiquement exclus les poèmes longs (comme « La Chanson du Mal-aimé » de Guillaume Apollinaire).

La destination pédagogique de cette anthologie relativise l'importance de ces lacunes acceptées : proposer à découvrir trente-six poètes de ce siècle est déjà une grande ambition en un temps où l'on fait à la poésie le sort le moins enviable. « Jamais on n'a autant écrit de cette sorte de choses que personne ne lit », disait un critique voici quelques années. Pourtant, l'histoire de la poésie au XXᵉ siècle est celle d'une aventure spirituelle et linguistique sans précédent. C'est aux interrogations qu'elle ouvre, aux renouvellements qu'elle propose, aux nouvelles frontières de la sensibilité qu'elle explore que cette anthologie voudrait introduire ses lecteurs.

La singularité de l'expression poétique, l'autonomie revendiquée de chaque poème nous ont fait exclure les regroupements, toujours contestables, par écoles et tendances. Les poètes se succèdent donc dans un ordre chronologique, parfois légèrement distordu par la prise en compte de la plus ou moins grande précocité *des œuvres et par la nécessité de préserver la chronologie des influences littéraires (ainsi Jules Romains est-il placé avant Apollinaire). Les notices introductives présentent, entre les éléments biographiques et les indications bibliographiques indispensables, quelques orientations générales que nous avons conçues comme une sollicitation, un appel, ou, mieux encore, une provocation à la lecture. Nous n'avons pas cru devoir proposer de trop longs développements sur certains grands poètes, généralement bien servis par les manuels ; cela nous a permis de nous attacher davantage à des œuvres méconnues. Au reste, en matière poétique plus que pour tout autre genre littéraire, la longueur du commentaire est hors de proportion avec la qualité de l'œuvre. Les notes ont été réduites au strict minimum (indications historiques indispensables, mots étrangers...) pour conserver le plus possible aux poèmes leur évidence inaltérable : un ensemble de mots disposés sur la page, et entourés par du blanc — « une idée isolée par du blanc », écrivait Claudel à propos du « vers essentiel et primordial ». En revanche, certains éclairages rétrospectifs nous ont paru utiles en compléments pédagogiques : réflexion de tel auteur sur le phénomène poétique ou sur son œuvre, indications lapidaires destinées à orienter l'étude d'un poème ou à enrichir sa relecture.*

UNE AVENTURE POÉTIQUE

« Son rôle est de se porter sans cesse en avant, d'explorer en tous sens le champ des possibilités, de se manifester — quoi qu'il advienne — comme puissance *émancipatrice* et *annonciatrice*. » Ainsi André Breton définissait-il dans ses *Entretiens*, en 1952, la fonction de la poésie. Il avait en mémoire les tentatives audacieuses du mouvement surréaliste, dont il n'avait cessé d'être la figure de proue ; mais il devait aussi bien songer à Guillaume Apollinaire qui, à la fin de *Calligrammes*, se disait « combatt[ant] toujours aux frontières / De l'illimité et de l'avenir », et engageait ainsi résolument la « longue querelle de la tradition et de l'invention / De l'Ordre et de l'Aventure » *(ibid.).* Certes, la crise est antérieure : perceptible dans le splendide échec de Rimbaud, elle lézarde la tentative mallarméenne et conduit à l'impasse le symbolisme finissant. Mais la nécessité d'une réévaluation radicale de l'activité poétique et du rapport du langage au monde ne s'impose que dans les premières décennies de ce siècle : la tourmente de l'histoire, les séductions trompeuses d'une « belle époque » suivie du cataclysme de la Première Guerre mondiale ont emporté aussi les poètes.

*

Aussi bien est-ce la première caractéristique de cette « aventure » poétique : qu'elle n'échappe pas à l'histoire. Le phénomène n'est pas neuf : ni Ronsard ni Aubigné n'ont ignoré les malheurs de leur temps ; et l'on sait quel aliment vivifiant le combat politique apporta à l'œuvre d'un Hugo. En réalité, la poésie s'est toujours faite à l'écoute de l'histoire. La nouveauté est sans doute, au XXᵉ siècle, qu'elle cherche moins que jamais à lui dérober son bien pour constituer son domaine propre dans le seul univers des mots. De Charles Péguy, tué au combat, à Guillaume Apollinaire qui, trépané après une blessure à la tête, ne résista pas à la grippe espagnole ; de Max Jacob à Robert Desnos, morts en déportation, bien des poètes ont payé leur tribut aux bouleversements du temps. Certains en conservèrent une mémoire indélébile : l'horreur des tranchées pour Jean Cocteau, le spectacle insoutenable des blessés pour Éluard orientèrent décidément leur inspiration. Mais le poème n'est pas que mémoire ; il peut aussi se faire acte d'accusation ou célébration fervente : Léopold Sédar Senghor dédie *Hosties noires* aux « tirailleurs sénégalais », ses « frères noirs à la main chaude sous la glace et la mort », comme Jules Supervielle, poète pourtant discret, et surpris en Amérique du Sud par la Seconde Guerre mondiale, avait publié en 1941 des *Poèmes de la France malheureuse*. Dans cette prise de conscience collective, les événements de 1939-1945 ont suscité de profonds débats sur l'engagement. Y avait-il « honneur » ou « déshonneur »[1] pour un poète à dire son temps, à agir par sa plume ? Certains refusèrent, d'autres s'engagèrent résolument ; d'autres enfin, considérant qu'il n'y a ni hiérarchie ni compatibilité entre la nécessité littéraire et l'urgence historique, pensèrent qu'il fallait choisir : « Que le poète aille à la barricade, c'est bien — c'est mieux que bien — mais il ne peut aller à la barricade et chanter la barricade en même temps » (Pierre Reverdy, *Cette Émotion appelée poésie*). L'essentiel n'est pas ici la réponse apportée par chacun, mais que la question fut posée à tous : la pression de l'histoire est une des données les plus contraignantes de ce siècle ; elle s'est imposée aux poètes comme aux autres, au point que même un projet « ontologique » comme celui de Saint-John Perse doit composer avec elle : « Et c'est assez, pour le poète, d'être la mauvaise conscience de son temps » *(Discours de Stockholm)*.

Le ton ni l'enjeu ne sont toujours aussi graves : le poète attentif à ce qui l'entoure peut aussi bien nourrir son inspiration des inventions du monde moderne ou de la matière brute des nouvelles quotidiennes : parce que le train fascine Blaise Cendrars et Valery Larbaud, ils trouvent à son image une écriture voyageuse, rythmée de secousses ; Guillaume Apollinaire n'hésite pas à composer des « poèmes-conversations » et célèbre la poésie de la rue (« les prospectus les catalogues les affiches qui chantent tout haut » ; « Zone » in *Alcools*), de même qu'après lui Jean Cocteau évoquera « les lignes du journal / les arpèges / typographiques / [qui] lâchent la page / vers l'incongru / d'un dérapage immense » *(Le Cap de Bonne-Espérance)*. La poésie de ce siècle sort donc de son ghetto de mots, comme si elle voulait conjurer définitivement l'impasse mallarméenne ; elle se fait écoute et regard. Rien ne le montre mieux, peut-être, que les séductions exercées sur la poésie par les autres arts, et principalement par la peinture et le dessin. Est-ce un hasard si les premières mutations poétiques du siècle coïncident avec des renouvellements majeurs de l'esthétique picturale ? C'est un principe d'échange entre le mot et l'image visuelle qui est en train de s'affirmer. Les *Calligrammes* de Guillaume Apollinaire en sont l'éloquente manifestation, mais aussi, et de

---

1. Paul Éluard publia, en 1943, aux Éditions de Minuit, une anthologie de poètes résistants, intitulée *L'Honneur des poètes*. Benjamin Péret répliqua, de Mexico, par un texte intitulé *Le Déshonneur des poètes*.

façon plus subtile, des poèmes comme « Lundi rue Christine », qui transfèrent dans l'écriture la pratique des « papiers collés » grâce à un montage de phrases orales ; à la même époque, *Les Ardoises du toit* (1918) de Pierre Reverdy sollicitent la typographie de façon telle que les blancs, le décalage des vers proposent une structure visuelle proche des toiles cubistes : il s'agit déjà, bien avant qu'Éluard n'en fasse un programme esthétique, de « donner à voir ». On n'est donc guère surpris du nombre de collaborations entre peintres et poètes, en ce siècle : de Paul Éluard à André Frénaud, en passant par Louis Aragon, Jean Tardieu et tant d'autres, les recueils où la création picturale a accompagné la démarche poétique sont innombrables. Ainsi se sont développés des dialogues toujours fructueux — entre Louis Aragon et Matisse, Paul Éluard et Picasso, Saint-John Perse et Braque, André Du Bouchet et Giacometti... — où l'écriture se soumet à une confrontation enrichissante, mettant à l'épreuve sa capacité d'expression et de suggestion.

*

À se laisser ainsi séduire par ce qui n'est pas spécifiquement de l'ordre du langage, le poème se propose de nouveaux champs d'exploration et gagne en liberté. Mais il perd aussi en définition : jamais, jusqu'à ce siècle, la question des formes et des genres n'avait été à ce point problématique et confuse. La confusion est historique : *Calligrammes*, de Guillaume Apollinaire, marqué par les audaces esthétiques de l'« esprit nouveau », paraît en 1918, un an seulement après *La Jeune Parque* de Paul Valéry, où le symbolisme semble jeter ses derniers feux au travers d'une écriture néoclassique. Plus tard, un Patrice de La Tour du Pin, un René-Guy Cadou, un Yves Bonnefoy opposeront une résistance pacifique à la désarticulation de la métrique et de la versification traditionnelles, sans pour autant s'astreindre à un respect compassé des formes anciennes. C'est donc avec sa sensibilité propre que chaque poète de ce siècle a réagi aux conséquences de la « crise de vers » dont avait parlé Mallarmé ; mais l'ébranlement est général. Le souhait couramment partagé que le « chant ne suive point en leur trop commune mesure / Ces vains jeux de mots encadastrés » (Victor Segalen, *Thibet*), se traduit par la généralisation du vers libre, apparu déjà dans l'œuvre de Rimbaud, et abondamment utilisé par Laforgue et Verhaeren. Sa fortune manifeste le recul d'une conception formaliste de la poésie (déjà largement entamée par le XIXᵉ siècle), et le désir symétrique d'une expression qui, créée de toutes pièces par le poète, suive les modulations de sa sensibilité. Le vers libre accueille ainsi naturellement la « bonne aventure » que Verlaine appelait de ses vœux dans son « *Art poétique* ». Son

emploi s'accorde aussi parfaitement à l'intrusion du « prosaïsme » : chez Valery Larbaud, Guillaume Apollinaire, Blaise
Cendrars, Paul Morand, il rend compte d'une sensibilité qui veut
capter dans leur nouveauté et leur pouvoir d'irruption les surprises
et enchantements du monde quotidien. Cependant, au nom de la
liberté qu'il revendique, le vers peut aussi se tourner vers des
modèles anciens : combien d'alexandrins ou d'octosyllabes ne
trouve-t-on pas chez les poètes les plus explicitement affranchis des
contraintes métriques, Paul Éluard par exemple ! Le vers libre
peut même devenir une « forme-sens » reconnaissable, lorsqu'il
s'astreint à respecter l'unité de souffle ou de signification ; il
devient alors verset, et modèle par son ampleur rythmée les textes
de Paul Claudel, Saint-John Perse, Pierre Emmanuel ou Jean-
Claude Renard. C'est donc dans une tension permanente avec la
contrainte, assumée et héritée de l'histoire, ou recréée par une
nécessité intérieure, que s'éprouve la liberté du vers. On comprend
mieux, dans cette perspective dialectique, la réhabilitation de la
versification traditionnelle par Louis Aragon, dans les années qua-
rante. Si, dans *Le Crève-cœur* et *Les Yeux d'Elsa*, il prend la
défense de la rime, du mètre et de l'organisation strophique, c'est
non seulement parce qu'il y voit une façon de renouer avec le génie
poétique français, c'est aussi parce qu'il y trouve la possibilité de
créer des effets de sens producteurs d'émotion.

Les débats menés autour des contraintes formelles de la poésie
renvoient à la question plus décisive de la poésie comme « genre »
littéraire : « Rien, nous sommes bien d'accord, de plus contraire à
la poésie que la littérature », écrivait Pierre Reverdy (*Cette Émotion appelée poésie*), faisant écho, à presque un siècle de distance,
au dernier vers de l'« *Art poétique* » de Verlaine. De même, le titre
de la revue fondée par André Breton, Louis Aragon et Philippe
Soupault en 1919, *Littérature,* est-il à prendre par anti-
phrase, comme le signe d'une « colère », d'un « dégoût brûlant
versé sur la chose écrite » (Antonin Artaud, « A la grande nuit ou
le bluff surréaliste ») : le surréalisme naissant s'est voulu porteur
d'un projet radicalement anti-littéraire, dressé contre l'humanisme
faussement universaliste et authentiquement bourgeois dont la
« Littérature » du temps, sacralisée et sacralisante, était le temple
complaisant. C'est pourquoi le refus du « modèle » littéraire se
manifeste surtout au cours de la période surréaliste, et chez les
poètes qui ont subi son influence ; il prend, entre autres, la forme
de la citation détournée ou de l'imitation parodique : dans *Docu-
mentaires*, Blaise Cendrars procède à un « collage » de citations
tirées du *Mystérieux docteur Cornélius* de Gustave Le Rouge, de
même que Louis Aragon, dans tel poème du *Mouvement perpétuel*, « La philosophie sans le savoir », se souvient plaisamment de
Sade. Ce procédé de la référence détournée, ou enchâssée dans le

poème et « faisant image » par le décalage qu'elle produit, n'est pas neuf : Lautréamont en avait fait, déjà, un abondant usage ; mais il se généralise, à la façon d'un pied de nez insistant à la tradition littéraire ; il deviendra même un procédé d'écriture chez un Robert Desnos et un Jacques Prévert. Sa portée est d'une extrême conséquence pour un genre historiquement aussi codifié que la poésie : mêler les références, c'est rendre impossible l'identification rhétorique du texte, sa réduction à un canon esthétique reconnaissable. C'est pourquoi André Breton tenait à abolir les distinctions entre les trois types de textes que lui-même et ses amis produisaient : poèmes, récits de rêves, textes automatiques. Non pas qu'il les assimilât totalement ; mais il partageait le sentiment formulé à la même époque par Henri Michaux, selon qui « les genres littéraires sont des ennemis qui ne vous ratent pas, si vous les avez ratés au premier coup » *(Qui je fus)*. Ce point de vue anti-rhétorique, qui se manifeste de façon certes très variable selon les poètes, explique dans une large mesure la généralisation du « poème en prose », qui accède définitivement à la dignité littéraire après les tentatives de Baudelaire et de Mallarmé. De Paul Claudel à Francis Ponge, en passant par Léon-Paul Fargue, Paul Éluard et René Char, la plupart des grands poètes de ce siècle l'ont pratiqué. Max Jacob a tenté d'en donner une définition sensiblement différente de celle de Baudelaire ; mais il est avant tout une forme « ouverte », identifiable et pourtant non contraignante ; il se prête à toutes les hybridations possibles, de style et d'inspiration, et accueille aussi bien le lyrisme d'un Paul Claudel que la démarche « objective » d'un Francis Ponge. Il reste en cela une forme expérimentale, emblématique d'une poésie qui se veut, au XXᵉ siècle, un genre limite de la littérature.

*

En cette zone frontière où elle se place délibérément, la poésie fait souvent l'épreuve de la seule réalité qui la définisse objectivement : le langage. Si elle s'ouvre à ce qui n'est pas elle, et ne dissocie pas son aventure du monde qui l'entoure, elle n'oublie pas en effet qu'elle est d'abord un univers de mots, et cela d'autant plus que les justifications esthétiques préalables lui font défaut. Rares sont les poètes de ce temps qui ne se sont pas interrogés, ne serait-ce qu'allusivement, sur l'écriture et le pouvoir des mots. L'héritage mallarméen est sur ce plan aussi important que rapidement récusé : s'il s'incarne dans l'œuvre de Valéry, qui célèbre l'« Honneur des Hommes, Saint LANGAGE » (« La Pythie », in *Charmes*), il s'épuise à la même époque dans le début stérile sur la « poésie pure » orchestré par l'abbé Brémond : le climat intellectuel aidant, on oublie l'ambition métaphysique qui justifiait la tentative poétique de Mallarmé, dont ne reste chez certains que l'impression d'une « interminable contorsion stérile (tant de vers pour intriguer les facteurs, et si peu pour l'œuvre promise !) » (Jules Romains, préface de *La Vie unanime*). Aussi la réflexion sur le langage va-t-elle s'engager dans des voies nouvelles, hors des seules perspectives essentialiste et esthétisante. Problématisant le rapport des mots à la réalité, les poètes de ce siècle hésitent entre la sacralisation du langage et son objectivation, entre le rituel incantatoire d'un Saint-John Perse et l'« objeu » pongien, où le mot s'éprouve dans sa réalité concrète. Si l'exercice du langage suscite la confiance d'un Paul Claudel ou d'un Jean Follain, il provoque aussi bien la rage autodestructrice d'un Henri Michaux, qui dit écrire pour « ne pas laisser de trace » *(Poteaux d'angle)*. Pierre Emmanuel le voue à la répétition aphasique — « Celui qui n'a que l'essentiel à dire / [...] Bégaie » *(Tu)* —, tandis que Jean Tardieu y découvre parfois « certains mots [...] tellement élimés, distendus, que l'on peut voir le jour au travers » *(Le Témoin invisible)*. Le langage est donc l'objet d'une suspicion permanente. Mais le poète ne peut faire qu'il ne place aussi en lui son suprême espoir : « Les mots nous prouvent notre néant, ouvrent sous nos pas un abîme, mais les mots [...] nous proposent une demeure » (Yves Bonnefoy, *Entretiens sur la poésie*).

Placé dans cette alternative extrême, le langage ne cesse d'être soumis à la question ; on l'interroge et on le manipule, on le désarticule ou on le recompose ; certains, comme Max Jacob et Robert Desnos, ne reculent pas devant le jeu de mots ou la contrepèterie : on veut lui faire rendre gorge, et l'on s'amuse parfois beaucoup. Mais le jeu n'est pas sans conséquence ni gravité : en donnant l'initiative aux mots, en laissant dans une certaine mesure le langage l'entraîner là où il veut le conduire, le poète lui délègue une part de sa responsabilité. Rejoignant ou anticipant les travaux des linguistes autant que les recherches de la psychanalyse, les poètes de ce siècle ont le sentiment assez communément partagé que le langage a par lui-même un pouvoir de révélation au moins égal à l'usage raisonné que nous pouvons en faire. Écrire un poème, ce peut donc être aussi susciter en soi un état de réceptivité, et accepter que le texte s'engendre par le seul effet d'entraînement des mots. L'aventure surréaliste s'est déroulée à l'écoute de telles révélations, par le biais, entre autres, de l'écriture automatique. La poétique de Jean Cocteau est pareillement fondée sur le désir de faire apparaître, à la façon d'un « miroir qu'on essuie », un message préalablement contenu dans la lettre des mots : dès le *Discours du grand sommeil* (1916-1918), il évoque « le texte emprisonné / qui préexiste, / et, déjà, / patiente en désordre / dans l'alphabet ». Une telle appréhension de l'écriture fait du poète non plus le « polisseur de rimes » d'antan, mais « une sorte de détecteur qui doit trouver ce qui est déjà dans le langage » (Jean Tardieu). Il en résulte un déplacement du débat, ancestral, sur les rapports du travail et de l'inspiration ; les deux termes pouvaient s'opposer tant que le langage n'y était pas partie prenante, qu'il n'avait rien à « dire » par lui-même ; à partir du moment où il devient aussi source d'inspiration, l'intérêt se déplace sur le degré de maîtrise que le poète apporte dans son maniement, sur la plus ou moins grande concentration qu'il lui impose, ou sur les registres de langue qu'il utilise. Sur tous ces plans, les oppositions sont parfois radicales : le travail méticuleux d'un Francis Ponge, qui recourt à d'incessants inventaires sémantiques et lexicaux, est aux antipodes de l'abdication de la conscience lucide dans l'écriture automatique ; le caractère effusif des œuvres de Paul Claudel, Blaise Cendrars et Saint-John Perse et la tentation ultime d'une « poésie ininterrompue » chez Paul Éluard contrastent autant avec l'idéal de concentration d'un Paul-Jean Toulet qu'avec l'écriture lacunaire ou fragmentaire de René Char et Henri Michaux. Il est pourtant une constante autour de laquelle s'accordent la plupart des poètes du XXᵉ siècle dans le traitement qu'ils imposent au langage : l'introduction de la *voix* dans l'écriture. La poésie est par tradition spécifiquement écrite ; elle est depuis des siècles du côté de la « langue » contre la « parole », pour reprendre la distinction établie par Ferdinand de Saussure, et l'évolution poétique du XIXᵉ siècle, qui culmine dans l'idéal du « Livre » mallarméen, en est la manifestation éclatante. Or la poésie du XXᵉ siècle semble tout à coup s'accepter comme énonciation ; le poème devient voix et souffle. Paul Valéry le réintègre dans un processus physiologique en en faisant « une durée, pendant laquelle, lecteur, je respire une loi qui fut préparée » (« L'Amateur de poèmes »). A la même époque, Paul Claudel propose une conception « pneumatique » et vitaliste du phénomène poétique, fait d'une alternance d'« inspiration » et d'« expiration », le vers étant la traduction fidèle d'une « pensée [qui] bat comme la cervelle et le cœur » *(Réflexions et Propositions sur le vers français)*. La voix se trouve ainsi subitement réintégrée dans l'écriture, et légitimée ; non seulement elle permet l'intrusion du langage oral, conjointe à celle des motifs « prosaïques » dans le poème, mais encore elle autorise une perception « organique » de l'énonciation poétique : dans les versets de Paul Claudel ou Saint-John Perse, comme dans l'œuvre de Léopold Sédar Senghor ou Aimé Césaire, l'organisation poétique est intimement liée au souffle, dont la présence suscite chez le lecteur l'appréhension d'une réalité totale avec laquelle il doit littéralement faire *corps*. Le plus remarquable est peut-être que cette nécessité de la voix est aussi revendiquée par des poètes dont l'écriture paraît cependant la plus concertée. Ainsi Yves Bonnefoy, pour qui « écrire poétiquement [...] c'est parler, tant soit peu, la langue de l'autre » *(Entretiens sur la poésie)*, ou Francis Ponge qui, définissant sa « pratique du langage », reconnaît qu'« il s'agit moins [...] de poésie que de Parole » *(Pour un Malherbe)*.

*

La sacralisation de l'écriture impliquait un idéal de maîtrise intellectuelle et autorisait le constitution du poète en sujet absolu de son texte. A l'inverse, l'initiative laissée aux mots et l'introduction de la parole — qui mobilise le corps et appelle la présence de l'autre, le lecteur — invalident la prétention démiurgique. Si le poète reste, par la force des choses, le producteur de son texte, il n'en est plus toujours le centre, et n'en revendique que rarement la responsabilité entière : même un Paul Valéry, dont on connaît l'insistance sur le travail de « fabrication » du texte, n'a cessé de commenter ce phénomène de désappropriation du créateur par l'objet qu'il produit. Les conséquences en sont capitales au plan de l'expression du moi : si la longue tradition française du lyrisme poétique se prolonge au XXᵉ siècle, elle se ramifie en des directions opposées, à l'image d'un moi devenu insaisissable. Certes, la confession intimiste se perpétue chez Francis Jammes, Patrice de La Tour du Pin ou René-Guy Cadou ; mais dès les premières années de ce siècle, dans les poèmes d'un Paul-Jean Toulet par exemple, l'expression du moi, comme consciente de son impudeur, ou de son audace infondée, devient douce-amère ou burlesque, consacrant un registre parodique déjà apparu au XIXᵉ siècle chez Charles Cros et Tristan Corbière. Max Jacob se représentant « en crabe » ; Henri Michaux se peignant en « clown » : nombreux seront les poètes à illustrer cette façon pathétiquement dérisoire de parler de soi, de mettre sur la scène de l'écriture un moi incertain et pour le moins démythifié. Chez d'autres, le lyrisme tend au contraire à se déborder vers les horizons élargis d'une conscience universelle, appréhendée dans une perspective religieuse (Paul Claudel) ou ontologique (Saint-John Perse). L'une des composantes majeures de la poésie du XXᵉ siècle réside dans cet affrontement du poète à une identité problématique et dont l'écriture, au pire, authentifie le caractère lacunaire, au mieux, opère le dépassement. Entre ces deux extrêmes, le poète part souvent à la recherche de lui-même par le moyen des mots ; il se découvre alors fréquemment, comme Supervielle, le « hors venu » de son monde intérieur, attentif à sa vie organique, à l'univers mystérieux et étrange dont il sent la présence en lui. Le « lyrisme tout neuf » que Guillaume Apollinaire appelait de ses vœux dans sa conférence sur « L'Esprit nouveau et les Poètes » prend ainsi fréquemment la forme d'une quête angoissée et sans terme : « Un homme se possède par éclaircies, et même quand il se possède, il ne s'atteint pas tout à fait » (Antonin Artaud, lettre à Jacques Rivière), d'autant plus qu'à l'incomplétude vient s'ajouter l'altérité, puisque « le poème dépasse celui qui le forme [...]. En construisant cet objet-microcosme, l'auteur se construit et se découvre différent » (André Frénaud, « Note sur l'expérience poétique »).

Cette expérience d'altérité n'est pas sans fécondité : elle peut inviter le poète à « quitter la scène du moi, à la fois trop riche et si pauvre » (Yves Bonnefoy, *Entretiens*), et l'introduire à une conception non plus rétrospective mais projective de son travail. Le poème peut alors devenir un « miroir où se dévoile ce que je fonde et ce qu'il fonde » (Jean-Claude Renard, *Une autre parole*). La véritable aventure poétique de ce siècle tient peut-être essentiellement dans cette intuition — certes diversement partagée — d'un rôle réorganisateur et informateur de la réalité par le poème. « La Poésie ne rythmera plus l'action ; elle sera *en avant* », écrivait Rimbaud. Cette promesse n'a cessé de hanter, à la façon d'un appel ou d'un remords, les poètes de ce temps. Il fallait, pour qu'elle continue à résonner, que le poème ne se constitue pas en forteresse à l'abri du monde extérieur ; que le repliement narcissique sur un moi satisfait lui soit impossible ; que le langage ait une autonomie suffisante pour échapper à l'économie de la seule *expression*. Il fallait en outre que confiance soit faite à l'*imagination* poétique, dont Éluard écrira qu'elle « n'a pas l'instinct d'imitation », qu'« elle est la source et le torrent qu'on ne remonte pas » (« L'Évidence poétique »). Vieille « puissance trompeuse » devenue depuis le romantisme — allemand en particulier — outil d'investigation et d'organisation du réel, l'imagination ne se réduit en aucune façon, pour la plupart des poètes du XXe siècle, à cette faculté qu'y voyait Sartre de « néantiser » le monde. Il est vrai que le poème prend bien des fois l'apparence d'un refuge, d'un lieu de fuite ; André Breton n'écrivait-il pas : « L'étreinte poétique comme l'étreinte de chair / Tant qu'elle dure / Défend toute échappée sur la misère du monde » (« Sur la route de San Romano ») ? C'est pourtant bien le même poète qui avait fait suffisamment confiance à l'imaginaire pour se mettre à l'écoute des révélations du rêve et de l'écriture automatique, et multiplier dans ses poèmes des images surprenantes fondées, selon la définition de Pierre Reverdy, sur des rapports à la fois justes et lointains. Guillaume Apollinaire avait le premier formulé la nécessité d'une exploration systématique des ressources de cette faculté conquérante : « Les merveilles nous imposent le devoir de ne pas laisser l'imagination et la subtilité poétique derrière celle des artisans qui améliorent leur machine » (« L'Esprit nouveau et les Poètes »). Les poètes du XXe siècle ont répondu de bien des façons à cette nécessité ; certains font de la métaphore un usage parcimonieux mais d'autant plus significatif (Francis Ponge ; Eugène Guillevic) ; d'autres tissent des réseaux denses d'images enchevêtrées

(Paul Valéry ; Paul Claudel ; Saint-John Perse ; Pierre Jean Jouve) ; certains privilégient aussi l'image visuelle, non spécifiquement linguistique (Paul Éluard), ou la création verbale surréaliste, ce « stupéfiant image » (Louis Aragon, *Traité du style*), dont la vertu iconoclaste et illuminatrice a influencé plusieurs générations de poètes. Malgré ces différences, deux tendances symétriques se dégagent nettement du traitement de l'imaginaire par les poètes au XXᵉ siècle ; la tendance la plus manifeste, que l'on peut placer dans le sillage de Baudelaire, est à la condensation : l'image vise alors à l'intensité tendue du fragment, à l'éclat qui illumine et obscurcit en même temps, tranche dans la continuité du discours, et crée un point de cristallisation émotionnelle et linguistique. A l'inverse certains font de l'imagination une faculté dynamique, propre, selon Bachelard, à « déformer » autant qu'à « former » les images. Ceux-là acceptent le flux de l'imaginaire, son pouvoir de métamorphoses, son insertion dans le temps qui rapproche parfois le poème d'un récit ou en fait, comme chez Jules Supervielle, une « fable du monde ».

*

Quelle que soit sa manifestation, l'imaginaire introduit dans le poème une conscience élargie, de soi et du monde ; il y inclut également le lecteur, si tant est que « les mots, les images ne s'offrent que comme tremplins à l'esprit de celui qui écoute » (André Breton, *Manifeste du surréalisme*). N'est-ce pas par celui-ci que tout texte poétique accède à sa qualité propre ? Jamais sans doute les poètes n'en ont eu autant conscience qu'en ce siècle. Paul Valéry pensait déjà qu'« un poète [...] n'a pas pour fonction de ressentir l'état poétique : ceci est une affaire privée. Il a pour fonction de le créer chez les autres » *(Variété)*. Paul Éluard ne dira pas autre chose : « Le poète est celui qui inspire bien plus que celui qui est inspiré » (« L'Évidence poétique »). Le lecteur n'est donc plus le double du poète, l'« insensé, qui crois que je ne suis pas toi » (Hugo, préface des *Contemplations*), l'« Hypocrite lecteur, — mon semblable, — mon frère », de Baudelaire *(Les Fleurs du mal)*. Il n'est plus le confident haï pour son indifférence et désiré pour sa ressemblance ; il est la conscience autre dans laquelle le texte poétique se prolonge et s'accomplit. C'est une ultime métamorphose : la poésie de ce siècle somme ses lecteurs d'avoir du talent. On ne saurait proposer aventure plus passionnante.

PAUL-JEAN TOULET (1867-1920)

Né le 5 juin 1867 à Pau, il obtient son baccalauréat en 1885 et s'embarque la même année pour l'île Maurice, où il restera trois ans. A son retour, il séjourne à Alger et y débute dans la chronique journalistique. Il poursuit son activité de chroniqueur mondain à Paris, de 1898 à 1912 ; familier de nombreux artistes et écrivains — parmi lesquels Jean Giraudoux et Claude Debussy —, il se fait une réputation de causeur brillant, impertinent et raffiné ; ses nombreuses collaborations journalistiques lui permettent de voyager — il est envoyé en mission en Extrême-Orient en 1912-1913 — et de développer parallèlement son œuvre littéraire : son roman *Mon amie Nane* paraît en 1905 après avoir été publié en revue. Après s'être retiré de la vie parisienne en 1912 pour raisons de santé, il est considéré par les poètes « fantaisistes » comme leur chef de file, et publie alors en revue de nombreux poèmes, avant d'en rassembler l'essentiel dans *Les Contrerimes*. Le recueil ne paraîtra cependant qu'après sa mort, survenue le 6 septembre 1920.

Volontairement en marge de tous les courants intellectuels, idéologiques, artistiques de l'époque de mutation qu'il a vécue, et qu'il semble n'avoir traversée qu'en observateur insouciant, Paul-Jean Toulet ne devint l'inspirateur des poètes « fantaisistes » que malgré lui : nullement théoricien, peu soucieux de son « œuvre » avant ses dernières années, il ne se préoccupe guère de créer un « univers poétique », en refusant l'effusion lyrique autant que les confidences pesantes du post-symbolisme. Il semble avoir choisi de se cantonner dans une algèbre poétique où la disposition des mots, les appels de sonorités, les enchaînements verbaux et les contraintes choisies de la versification suffisent à créer un objet de langage aussi énigmatique que séduisant pour le lecteur. Acrobate du vers, il manipule le rythme, les rimes, la syntaxe et les registres de langue avec un sens aigu de la disparate et des ruptures de ton. Sa virtuosité éclate d'autant plus dans les formes poétiques contraignantes qu'il s'impose : dizains, chansons, quatrains, et « contrerimes » où l'alternance des vers de huit et six syllabes est contredite par le schéma embrassé des rimes jouant à « contre-longueur », selon son expression. Une sensibilité faite de nostalgie, de détachement, d'humour, et d'une lucidité souvent désenchantée mais jamais amère, se cristallise dans ces microcosmes poétiques qui semblent aussi gratuits que nécessaires.

Recueils : *Les Contrerimes* (1921) ; *Vers inédits* (1936).

A consulter : Pierre-Olivier Walzer, *Paul-Jean Toulet,* Seghers, coll. « Poètes d'aujourd'hui », 1954.

L'immortelle, et l'œillet de mer
      Qui pousse dans le sable,
La pervenche trop périssable,
      Ou ce fenouil amer

Qui craquait sous la dent des chèvres
      Ne vous en souvient-il,
Ni de la brise au sel subtil
      Qui nous brûlait aux lèvres ?

                    Les Contrerimes, 1921, Gallimard.

Toute allégresse a son défaut
      Et se brise elle-même.
Si vous voulez que je vous aime,
      Ne riez pas trop haut.

C'est à voix basse qu'on enchante
      Sous la cendre d'hiver
Ce cœur, pareil au feu couvert,
      Qui se consume et chante.

                    Les Contrerimes, 1921, Gallimard.

En Arle[1].

Dans Arle, où sont les Aliscams[2],
Quand l'ombre est rouge, sous les roses,
    Et clair le temps,

Prends garde à la douceur des choses.
Lorsque tu sens battre sans cause
    Ton cœur trop lourd ;

Et que se taisent les colombes :
Parle tout bas, si c'est d'amour,
    Au bord des tombes.

        Les Contrerimes, 1921, Gallimard.

Le sable où nos pas ont crié, l'or, ni la gloire,
Qu'importe, et de l'hiver le funèbre décor.
Mais que l'amour demeure, et me sourie encor
Comme une rose rouge à travers l'ombre noire.

        Les Contrerimes, 1921, Gallimard.

1. Ce poème et le suivant font partie d'un groupe de quatre textes intitulés « Romances sans musique ». — 2. Ou Alyscamps : allée bordée de tombeaux, près d'Arles.

FRANCIS JAMMES (1868-1938)

Il naît le 2 décembre 1868 à Tournay, dans les Hautes-Pyrénées, où toute son existence se déroulera. Après des études à Pau puis à Bordeaux, il échoue au baccalauréat en 1888. Installé à Orthez l'année suivante, il y prend le goût de la vie rustique et ne tarde pas à publier des plaquettes de poèmes, sa vocation littéraire s'affirmant par la rencontre de nombreux écrivains, notamment Albert Samain, André Gide, Marcel Schwob, Paul-Jean Toulet. En 1905, sa conversion au catholicisme, parrainée par Paul Claudel, oriente décidément sa vie et son œuvre, dont l'influence (on a parlé de « jammisme ») est déterminante dans les années dix. En 1917, il reçoit le grand prix de littérature de l'Académie française, où il essaiera par deux fois d'entrer sans succès. Il se voit confier en 1935 la rubrique « L'Air du mois » de la *Nouvelle Revue française*. Dans ces dernières années, il incarne une figure de patriarche vénéré, et peu tendre pour les audaces poétiques contemporaines. Il meurt à Hasparren le 1er novembre 1938.

Francis Jammes appartient davantage, par sa sensibilité, au XIXe siècle finissant qu'au mouvement de rénovation de l'écriture poétique qui se met en place au début du XXe siècle. Héritier d'une mélancolie toute symboliste, son univers poétique est hanté de souvenirs et de présences enfuies. Pourtant, son intimisme n'a rien d'alangui, même s'il conduit parfois à de volontaires mièvreries : grâce à la souplesse du vers libre, Francis Jammes sait anticiper les modernes poètes de l'objet — tout en se souvenant de l'animisme romantique — par un sens de la rêverie qui magnifie les choses au moment même où les traits du style les circonscrivent ; c'est dire si l'esthétique « naturiste » qu'on lui a prêtée — faite de simplicité et de soumission au réel — est réductrice pour comprendre son art. Son monde intérieur est aussi traversé par un goût du départ, un sens de l'« ailleurs » qui donnent leur horizon d'attente à bien des textes. Poète du « il y a » autant que du « tu », son œuvre est d'abord prise entre le constat d'un monde à distance, infiniment sensible mais à jamais voilé, et un désir d'intimité qui trouve rarement à se satisfaire. La conversion religieuse du poète orientera définitivement ce désir en un dialogue avec Dieu. En même temps qu'il s'assure d'une foi certaine de la bonté divine, Francis Jammes semble alors rechercher une forme d'expression épurée, où une syntaxe décantée, le retour à l'alexandrin et la simplification « évangélique » des images tentent de dire les sentiments essentiels de l'homme et son espérance métaphysique.

Principaux recueils : *De l'Angelus de l'aube à l'Angelus du soir* (1898) ; *Le Deuil des primevères* (1901) ; *Clairières dans le ciel* (1906) ; *Les Géorgiques chrétiennes* (1912).

A consulter : Robert Mallet, *Francis Jammes,* Seghers, coll. « Poètes d'aujourd'hui », 1969 ; Robert Mallet, *Francis Jammes, sa vie, son œuvre,* Mercure de France, 1961.

LA SALLE A MANGER

Il y a une armoire à peine luisante
qui a entendu les voix de mes grand'tantes,
qui a entendu la voix de mon grand-père,
qui a entendu la voix de mon père.
A ces souvenirs l'armoire est fidèle.
On a tort de croire qu'elle ne sait que se taire,
car je cause avec elle.

Il y a aussi un coucou en bois.
Je ne sais pourquoi il n'a plus de voix.
Je ne veux pas le lui demander.
Peut-être qu'elle est cassée,
la voix qui était dans son ressort,
tout bonnement comme celle des morts.

Il y a aussi un vieux buffet
qui sent la cire, la confiture,
la viande, le pain et les poires mûres.
C'est un serviteur fidèle qui sait
qu'il ne doit rien nous voler.

Il est venu chez moi bien des hommes et des femmes
qui n'ont pas cru à ces petites âmes.
Et je souris que l'on me pense seul vivant
quand un visiteur me dit en entrant :
— comment allez-vous, monsieur Jammes ?

De l'Angelus de l'aube à l'Angelus du soir, 1898,
Mercure de France.

Voici les mois d'automne et les cailles graisseuses
s'en vont, et le râle aux prairies pluvieuses
cherche, comme en coulant, les minces escargots.
Il y a déjà eu, arrivant des coteaux,
un vol flexible et mou de petites outardes,
et des vanneaux, aux longues ailes, dans l'air large,
ont embrouillé ainsi que des fils de filet
leur vol qu'ils ont essayé de rétablir, et
sont allés vers les roseaux boueux des saligues.
Puis les sarcelles, jouets d'enfants, mécaniques,
passeront dans le ciel géométriquement,
et les hérons tendus percheront hautement ;
et les canards plus mols, formant un demi-cercle,
trembloteront là-bas jusqu'à ce qu'on les perde.
Ensuite les grues, dont la barre a un crochet,
feront leurs cris rouillés, et une remplacée
par une autre, à la queue, ira fendre à la tête.
Vielé-Griffin[1], c'est ainsi que l'on est poète :
mais on ne trouve pas la paix que nous cherchons,
car Basile toujours saignera les cochons,
et leurs cris aigus et horribles s'entendront,
et nous ferons des monstres de petites choses...

---

1. *Vielé-Griffin* (1863-1937) : poète d'inspiration symboliste, contemporain et ami de
Francis Jammes.

Mais il y a aussi la bien-aimée en roses,
et son sourire en pluie, et son corps qui se pose
doucement. Il y a aussi le chien malade
regardant tristement, couché dans les salades,
venir la grande mort qu'il ne comprendra pas.
Tout cela fait un mélange, un haut et un bas,
une chose douce et triste qui est suivie,
et que l'homme aux traits durs a appelé la vie.

De l'Angelus de l'aube à l'Angelus du soir, 1898,
Mercure de France.

Agonie.

Par le petit garçon qui meurt près de sa mère
tandis que des enfants s'amusent au parterre ;
et par l'oiseau blessé qui ne sait pas comment
son aile tout à coup s'ensanglante et descend ;
par la soif et la faim et le délire ardent :
        Je vous salue, Marie.

Flagellation.

Par les gosses battus par l'ivrogne qui rentre,
par l'âne qui reçoit des coups de pied au ventre,
par l'humiliation de l'innocent châtié,
par la vierge vendue qu'on a déshabillée,
par le fils dont la mère a été insultée :
        Je vous salue, Marie.

Couronnement d'épines.

Par le mendiant qui n'eut jamais d'autre couronne
que le vol des frelons, amis des vergers jaunes,
et d'autre sceptre qu'un bâton contre les chiens ;
par le poète dont saigne le front qui est ceint
des ronces des désirs que jamais il n'atteint :
        Je vous salue, Marie.

Portement de Croix.

Par la vieille qui, trébuchant sous trop de poids,
s'écrie « Mon Dieu ! » Par le malheureux dont les bras
ne purent s'appuyer sur une amour humaine
comme la Croix du Fils sur Simon de Cyrène[1] ;
par le cheval tombé sous le chariot qu'il traîne :
      Je vous salue, Marie.

Crucifiement.

Par les quatre horizons qui crucifient le Monde,
par tous ceux dont la chair se déchire ou succombe,
par ceux qui sont sans pieds, par ceux qui sont sans mains,
par le malade que l'on opère et qui geint
et par le juste mis au rang des assassins :
      Je vous salue, Marie.

L'Église habillée de feuilles, 1906, Mercure de France.

---

1. *Simon de Cyrène* fut requis pour aider le Christ à porter sa croix, lors de la montée au Calvaire.

PAUL CLAUDEL (1868-1955)

Il naît le 6 août 1868 à Villeneuve-sur-Fère, en Tardenois (Aisne). Sa famille s'étant installée à Paris en 1882, il entre au lycée Louis-le-Grand puis commence des études de droit. Il découvre l'œuvre de Rimbaud, fréquente chez Mallarmé, se convertit au christianisme lors d'une crise mystique à Notre-Dame le 25 décembre 1886. Il rédige en 1889 et 1890 les premières versions de *Tête d'or* et *La Ville* et en 1892 de *La Jeune fille Violaine*. Reçu au concours des Affaires étrangères en 1890, il est d'abord nommé vice-consul à New York en 1893 et part en 1895 pour la Chine, où il écrit les textes de *Connaissance de l'Est*. Tenté par la vie monastique lors d'un retour en France en 1900, il repart en Chine en 1901 ; il y rencontre Ysé — qu'il mettra en scène dans *Partage de midi* —, achève *Connaissance de l'Est* et rédige l'*Art poétique*. Marié en 1906, il compose l'année suivante les *Cinq grandes Odes ; La Cantate à trois voix* suivra en 1912. En 1913, sa sœur Camille Claudel est internée. Après divers postes à Prague, à Francfort, à Hambourg, en Italie, au Brésil, à Copenhague, il est nommé au Japon en 1921 ; il y rédige *Le Soulier de satin*. Ambassadeur à Washington en 1927, à Bruxelles en 1933, il prend sa retraite en 1935. Retiré à Brangues, il se consacre alors pour l'essentiel à ses commentaires bibliques. *Le Soulier de satin* est représenté en 1943, *Partage de midi* en 1948, *L'Annonce faite à Marie* en 1955. Il meurt le 23 février 1955.

« Me voici,/ Imbécile, ignorant,/ Homme nouveau devant les choses inconnues » : dans cette déclaration de Cébès au début de *Tête d'or* s'exprime le sentiment premier qui gouvernera durablement la poétique de Paul Claudel : à la fois stupeur devant l'obscurité du monde, et ingénuité intacte qui laisse libre champ à l'aventure de la conscience. Fasciné par Rimbaud, Claudel reconnaîtra dans le poète des *Illuminations* celui pour qui l'absence de la « vraie vie » suscite le désir double d'un cataclysme destructeur et d'une recherche de la « nouvelle harmonie ». A partir de sa conversion, et de la lente maturation qui l'a suivie, Claudel est devenu le poète d'un monde cosmique unifié par un principe divin et rendu présent par la « co-naissance » poétique : le langage du poète mime le Verbe créateur, il n'est pas parole sur le monde, mais parole du monde, puissance de nomination et d'incarnation qui, délaissant la seule intelligence de l'esprit, crée l'intelligible en s'adressant à l'âme. Il faut pour cela que le poème assume sa nature verbale, et le langage sa nature orale ; tel est le sens du verset claudélien — qui influencera Saint-John Perse, Pierre Emmanuel, Jean-Claude Renard : il fait du texte poétique une parole qui mobilise le souffle, impose un rythme homologue du rythme du monde, des pulsations vitales de l'existence. L'écriture est dès lors abondante, pléthorique, surchargeant et parfois saturant les significations. L'expression poétique sait pourtant n'être point redondante, emportée qu'elle est dans un mouvement qui ne cesse de transfigurer les images et la réalité. C'est un des points de convergence entre Claudel et Hugo — qu'il n'aimait pas mais dont il retrouve et accomplit par ailleurs l'esthétique des « Choses vues » dans les admirables poèmes en prose de *Connaissance de l'Est*.

Principaux recueils : *Connaissance de l'Est* (1900) ; *Cinq grandes Odes* (1910) ; *La Cantate à trois voix* (1913) ; *Corona Benignitatis Anni Dei* (1915) ; *Feuilles de saints* (1925) ; *Visages radieux* (1947).

A consulter : Louis Perche, *Paul Claudel,* Seghers, 1970, coll. « Poètes d'aujourd'hui » ; Stanislas Fumet, *Claudel,* Gallimard, coll. « Pour une bibliothèque idéale », 1968 ; Paul-André Lesort, *Paul Claudel par lui-même,* éd. du Seuil, coll. « Écrivains de toujours », 1963.

LE BANYAN[1]

Le banyan tire.

Ce géant ici, comme son frère de l'Inde, ne va pas ressaisir la terre avec ses mains, mais, se dressant d'un tour d'épaule, il emporte au ciel ses racines comme des paquets de chaînes. A peine le tronc s'est-il élevé de quelques pieds au-dessus du sol qu'il écarte laborieusement ses membres,

---

1. Ou banian : arbre oriental dont les racines, ressortant du sol, soutiennent comme des colonnes les extrémités des branches.

comme un bras qui tire avant le faisceau de cordes qu'il a empoigné. D'un lent allongement le monstre qui hale se tend et travaille dans toutes les attitudes de l'effort, si dur que la rude écorce éclate et que les muscles lui sortent de la peau. Ce sont des poussées droites, des flexions et des arcs-boutements, des torsions de reins et d'épaules, des détentes de jarret, des jeux de cric et de levier, des bras qui, en se dressant et en s'abaissant, semblent enlever le corps de ses jointures élastiques. C'est un nœud de pythons, c'est une hydre qui de la terre tenace s'arrache avec acharnement. On dirait que le banyan lève un poids de la profondeur et le maintient de la machine de ses membres tendus.

Honoré de l'humble tribu, il est, à la porte des villages, le patriarche revêtu d'un feuillage ténébreux. On a, à son pied, installé un fourneau à offrandes, et dans son cœur même et l'écartement de ses branches, un autel, une poupée de pierre. Lui, témoin de tout le lieu, possesseur du sol qu'il enserre du peuple de ses racines, demeure, et, où que son ombre se tourne, soit qu'il reste seul avec les enfants, soit qu'à l'heure où tout le village se réunit sous l'avancement tortueux de ses bois les rayons roses de la lune passant au travers des ouvertures de sa voûte illuminent d'un dos d'or le conciliabule, le colosse, selon la seconde à ses siècles ajoutée, persévère dans l'effort imperceptible.

Quelque part la mythologie honora les héros qui ont distribué l'eau à la région, et, arrachant un grand roc, délivré la bouche obstruée de la fontaine. Je vois debout dans le Banyan un Hercule végétal, immobile dans le monument de son labeur avec majesté. Ne serait-ce pas lui, le monstre enchaîné, qui vainc l'avare résistance de la terre, par qui la source sourd et déborde, et l'herbe pousse au loin, et l'eau est maintenue à son niveau dans la rizière ? Il tire.

[Juin 1896]

Connaissance de l'Est, 1900, Mercure de France.

[...] J'ai dit les Nymphes nourricières ; celles qui ne parlent point et qui ne se font point voir ; j'ai dit les Muses respiratrices, et maintenant je dirai les Muses inspirées.

Car le poète pareil à un instrument où l'on souffle

Entre sa cervelle et ses narines pour une conception pareille à l'acide conscience de l'odeur,

N'ouvre pas autrement que le petit oiseau son âme,

Quand prêt à chanter de tout son corps il s'emplit d'air jusqu'à l'intérieur de tous ses os !

Mais maintenant je dirai les grandes Muses intelligentes.

La vôtre avec son cal dans le repli de la main !

Voici l'une avec son ciseau, et cette autre qui broie ses couleurs, et l'autre, comme elle est attachée à ses claviers par tous les membres !

— Mais celles-ci sont les ouvrières du son intérieur, le retentissement de la personne, cela de fatidique,

L'émanation du profond a l'énergie de l'or obscur,

Que la cervelle par toutes ses racines va puiser jusqu'au fond des intestins comme de la graisse, éveiller jusqu'à l'extrémité des membres !

Cela ne souffre pas que nous dormions ! Soupir plus plein que l'aveu dont la préférée comble dans le sommeil notre cœur !

Chose précieuse, te laisserons-nous ainsi échapper ? Quelle Muse nommerai-je assez prompte pour la saisir et l'étreindre ?

Voici celle qui tient la lyre de ses mains, voici celle qui tient la lyre entre ses mains aux beaux doigts,

Pareille à un engin de tisserand, l'instrument complexe de la captivité,

Euterpe à la large ceinture, la sainte flamine[1] de l'esprit, levant la grande lyre insonore !

La chose qui sert à faire le discours, la claricorde[2] qui chante et qui compose.

D'une main la lyre, pareille à la trame tendue sur le métier, et de son autre main

---

1. Dans l'Antiquité romaine, personne attachée au culte d'une divinité (le mot est en principe masculin). — 2. Ancien instrument de musique, à cordes (le mot est en principe masculin).

Elle applique le plectrum comme une navette.

Point de touche qui ne comporte la mélodie tout entière ! Abonde, timbre d'or, opime orchestre ! Jaillis, parole virulente ! Que le langage nouveau, comme un lac plein de sources,

Déborde par toutes ses coupures ! J'entends la note unique prospérer avec une éloquence invincible !

Elle persiste, la lyre entre tes mains

Persiste comme la portée sur qui tout le chant vient s'inscrire.

Tu n'es point celle qui chante, tu es le chant même dans le moment qu'il s'élabore,

L'activité de l'âme composée sur le son de sa propre parole !

L'invention de la question merveilleuse, le clair dialogue avec le silence inépuisable.

Ne quitte point mes mains, ô Lyre aux sept cordes, pareille à un instrument de report et de comparaison !

Que je voie tout entre tes fils bien tendus ! et la Terre avec ses feux, et le ciel avec ses étoiles. [...]

Cinq grandes Odes, 1910, Mercure de France.

CANTIQUE DE LA ROSE[1]

BEATA

Je dirai, puisque tu le veux,
La rose, Qu'est-ce que la rose ? Ô rose !
Eh quoi ! lorsque nous respirons   cette odeur qui fait vivre les dieux,
N'arriverons-nous qu'à ce petit cœur insubsistant

---

1. *La Cantate à trois voix* fait dialoguer trois jeunes femmes, Beata, Læta, Fausta, réunies pendant la nuit du solstice d'été sur un belvédère qui domine le Rhône, le Jura et les glaciers des Alpes. Dans ce « cantique », Beata répond à Læta qui lui a demandé de « di[re] seulement la rose ».

Qui, dès qu'on le saisit entre ses doigts, s'effeuille et
fond,

Comme d'une chair sur elle-même toute en son propre
baiser

Mille fois resserrée et repliée ?

Ah, je vous le dis, ce n'est point la rose ! c'est son odeur

Une seconde respirée qui est éternelle !

Non le parfum de la rose ! c'est celui de toute la Chose
que Dieu a faite en son été !

Aucune rose ! mais cette parole parfaite en une circonfé-
rence ineffable

En qui toute chose enfin pour un moment à cette heure
suprême est née !

Ô paradis dans les ténèbres !

C'est la réalité un instant pour nous qui éclôt sous ces
voiles fragiles et la profonde délice à notre âme de toute
chose que Dieu a faite !

Quoi de plus mortel à exhaler pour un être périssable

Que l'éternelle essence et pour une seconde l'inépuisable
odeur de la rose ?

Plus une chose meurt, plus elle arrive au bout d'elle-
même,

Plus elle expire de ce mot qu'elle ne peut dire et de ce
secret qui la tire !

Ah, qu'au milieu de l'année cet instant de l'éternité est
fragile, extrême et suspendu !

— Et nous trois, Læta, Fausta, Beata,

N'appartenons-nous pas à ce jardin aussi,

A ce moment qui est entre le printemps et l'été un peu de
nuit,

(Comme d'yeux pour un moment qui se ferment dans la
volupté)

Avec pour notre parfum la voix et ce cœur qui s'ouvre,

Pour entre les bras de celui qui nous aime être cette rose
impuissante à mourir !

Ah, l'important n'est pas de vivre, mais de mourir et
d'être consommé !

Et de savoir en un autre cœur ce lieu d'où le retour est
perdu,

Aussi fragile à un touchement de la main que la rose qui
s'évanouit entre les doigts !

Et la rose fleurit vaguement : un seul soir,

Et de chaque tige le complexe papillon à l'aile d'elle-
même prisonnière a fui !

Mais toi, mon âme, dis : Je ne suis pas née en vain et
celui qui est appelé à me cueillir existe !

Ah, qu'il reste un peu à l'écart ! je le veux, qu'il reste
encore un peu de temps à l'écart !

Puisque où serait la foi, s'il était là ? où serait le temps ?
où le risque ? où serait le désir ? et comment devenir pleinement, s'il était là, une rose ?

C'est son absence seule qui nous fait naître

Et qui sous le mortel hiver et le printemps incertain
compose

Entre les feuilles épineuses parfaite enfin la rouge fleur
de désir en son ardente géométrie !

— Et demain déjà expirent ces noces de la terre et il n'y
aura plus de nuit.

Mais qu'importe, si, par-delà le vide immense de l'été et
l'hiver qui l'approfondit,

Les vierges de notre sérail déjà dans le jardin futur
saluent leurs sœurs reparaissantes ?

Qui a trouvé le bonheur rencontre une enceinte sans
défaut,

Tels l'un sous l'autre les pétales de la fleur sacrée,

D'un tel art insérés qu'on n'y trouve rien qui commence
et aucune fin.

Où je suis, vous êtes là, mes sœurs avec moi,

Et nos mains mystiquement ne sont pas disjointes quoi-
que la lune éclaire tour à tour nos visages.

Qui possède l'une tient les deux autres ensemble, prisonnier désormais comme le nombre l'est de la puissance.

Où manque la rose, la fruit ne fait pas défaut.

Où cesse le baiser, le chant jaillit !

Où le soleil se cache, éclate le ciel !

Nous ne sommes point sortis de ce paradis de délices où
Dieu d'abord nous a placés,

(Et le jardin seulement, comme son possesseur, est
blessé.)

Son enceinte est plus infranchissable que le feu et son
calice d'un tel tissu

Que Dieu lui-même avec nous n'y trouve point d'issue.

La Cantate à trois voix, 1913, Gallimard.

TÉNÈBRES[1]

Je suis ici, l'autre est ailleurs, et le silence est terrible :
Nous sommes des malheureux et Satan nous vanne dans son crible.

Je souffre, et l'autre souffre, et il n'y a point de chemin
Entre elle et moi, de l'autre à moi point de parole ni de main.

Rien que la nuit qui est commune et incommunicable,
La nuit où l'on ne fait point d'œuvre et l'affreux amour impraticable.

Je prête l'oreille, et je suis seul, et la terreur m'envahit.
J'entends la ressemblance de sa voix et le son d'un cri.

J'entends un faible vent et mes cheveux se lèvent sur ma tête.

Sauvez-la du danger de la mort et de la gueule de la Bête !

Voici de nouveau le goût de la mort entre mes dents,
La tranchée, l'envie de vomir et le retournement.

J'ai été seul dans le pressoir, j'ai foulé le raisin dans mon délire,
Cette nuit où je marchais d'un mur à l'autre en éclatant de rire.

Celui qui a fait les yeux, sans yeux est-ce qu'il ne me verra pas ?

Celui qui a fait les oreilles, est-ce qu'il ne m'entendra pas sans oreilles ?

Je sais que là où le péché abonde, là Votre miséricorde surabonde.

Il faut prier, car c'est l'heure du Prince du monde.

1905

Corona Benignitatis Anni Dei, 1915, Gallimard.

---

1. Poème écrit en France en 1905, après le retour de Chine, où Paul Claudel avait fait la rencontre d'Ysé.

• Le fondement anthropologique du vers

« On ne pense pas d'une manière continue, pas davantage qu'on ne sent d'une manière continue ou qu'on ne vit d'une manière continue. Il y a des coupures, il y a intervention du néant. La pensée bat comme la cervelle et le cœur. Notre appareil à penser en état de chargement ne débite pas une ligne ininterrompue, il fournit par éclairs, secousses, une masse disjointe d'idées, images, souvenirs, notions, concepts, puis se détend avant que l'esprit se réalise à l'état de conscience dans un nouvel acte. Sur cette matière première l'écrivain éclairé par sa raison et son goût et guidé par un but plus ou moins distinctement perçu travaille, mais il est impossible de donner une image exacte des allures de la pensée si l'on ne tient pas compte du blanc et de l'intermittence.

Tel est le vers essentiel et primordial, l'élément premier du langage, antérieur aux mots eux-mêmes : une idée isolée par du blanc. »

Réflexions et Propositions sur le vers français, Gallimard.

• Poésie et métaphysique

Claudel fonde le mécanisme poétique sur une anticipation de « l'état de connaissance qui sera celui de l'âme séparée après la mort » : « Tandis que notre existence ici-bas est pareille à un langage barbare et rompu, notre vie en Dieu sera comme un vers* de la justesse la plus exquise. Le mot, en effet [...] n'est pas seulement le signe d'un certain état de notre sensibilité, il est l'évaluation de l'effort qui nous a été nécessaire pour le former, ou plutôt pour nous former en lui. Le poète qui a le magistère de tous les mots, et dont l'art est de les employer, est habile, par une savante disposition des objets qu'ils représentent, à provoquer en nous un état d'intelligence harmonieux et intense, juste et fort. Mais, alors, nous serons les *poètes*, les faiseurs de nous-mêmes. Ce sentiment aigu de notre prosodie essentielle, cette impossibilité d'échapper à notre mesure admirable nous seront alors conférés directement sans l'appoint empirique et hasardeux du langage extérieur.

Et de même qu'un vers dans sa mesure uniforme peut renfermer tous les rythmes et tous les êtres, de même toute la création pourra s'inscrire sur le mètre que l'âme constitue. »

* Vers, direction.

Art poétique, Mercure de France.

PAUL VALÉRY (1871-1945)

Il naît à Sète en 1871. Inscrit à la faculté de droit de Montpellier après y avoir achevé ses études secondaires, il ne tarde pas à se passionner pour l'art et la littérature, en s'initiant avec ferveur aux poètes du XIXᵉ siècle. La lecture de l'œuvre de Mallarmé l'enchante et lui fait découvrir la poésie symboliste. Sa vocation s'oriente plus précisément avec la rencontre de Pierre Louÿs, qui lui fera connaître Mallarmé (dont Valéry sera un des intimes), Gide, Heredia, et qui, fondateur de la revue *La Conque*, publiera certains de ses premiers poèmes. Pourtant, au cours d'une crise sentimentale et affective, en 1892 à Gênes, il décide de renoncer aux séductions illusoires de la littérature pour se consacrer à la réflexion personnelle sur le mécanisme et la méthode de travail de l'esprit. Installé à Paris en 1894, il ne tarde pas à publier deux ouvrages qui traduisent ces préoccupations nouvelles : *Introduction à la méthode de Léonard de Vinci* (1895), et *La Soirée avec M. Teste* (1896). Devenu en 1900 secrétaire particulier d'un administrateur de l'Agence Havas, Édouard Lebey, il va pendant une vingtaine d'années s'initier aux milieux de la finance, observer les événements mondiaux et consacrer ses nombreux loisirs à des recherches personnelles sur les phénomènes de conscience et l'activité intellectuelle : il se remet aux mathématiques, et consigne chaque matin dans ses *Cahiers* les observations qu'il peut faire sur lui-même, sur le monde comme il va, et ses réflexions sur le langage. Son activité n'exclut pas pour autant toute préoccupation littéraire et artistique : il s'intéresse à la vie musicale et picturale de son temps, fréquente les écrivains. C'est ainsi que, sur la sollicitation d'André Gide et de Gaston Gallimard, il se met à reprendre des ébauches anciennes de poèmes, et produit *La Jeune Parque*, publiée en 1917. Le succès immédiat de cette œuvre l'encourage à prolonger son travail poétique : il rassemble les pièces qui constitueront l'*Album de vers anciens* (1920), et écrit en quelques années, avec autant de constance que, parfois, de facilité, l'ensemble des poèmes qu'il réunira, sous le titre de *Charmes*, en 1922, un an après avoir été désigné par référendum comme le plus grand des poètes contemporains. Devenu soudain une gloire officielle des lettres françaises, il est comblé d'honneurs (élu à l'Académie française en 1925, il se verra confier, douze ans plus tard, la chaire de poétique au Collège de France), et peut poursuivre son œuvre en se contentant de répondre aux demandes et commandes officielles : articles, préfaces, conférences se multiplient, avant d'être réunis dans *Variété, Tel Quel, Regards sur le monde actuel*, qui prennent place aux côtés des *Essais*. Après les funérailles nationales qui suivirent sa mort, en 1945, Paul Valéry fut enterré à Sète, dans le « cimetière marin ».

Il semble difficile d'isoler la création poétique de Valéry du reste de son œuvre, dont elle ne constitue qu'une manifestation particulière reflétant les mêmes préoccupations et posant les mêmes questions. L'hésitation entre la sensibilité et la connaissance, l'interrogation sur le moi, sa nature, son être et le travail de l'esprit animent les vers aussi bien que les essais de Valéry, et se réunissent dans son double littéraire, Monsieur Teste : homme de sensations autant que d'intelligence, toujours tenté de s'observer dans le miroir de sa propre réflexion, mais s'appréhendant aussi dans un perpétuel mouvement de flux et de reflux entre lui-même et les autres, il est l'être mobile et immobile, cherchant toujours son centre et le trouvant parfois à la périphérie de lui-même ; il est « absorbé dans sa variation », de même que *La Jeune Parque* est « la peinture d'une suite de substitutions psychologiques », du « changement d'une conscience pendant la durée d'une nuit » (« Naissance de *La Jeune Parque* », in *Entretiens* avec Frédéric Lefèvre). Par ce désir d'auto-réflexion et d'analyse, Valéry prolonge et revivifie l'héritage symboliste, dont il reprend certains enjeux et motifs thématiques insistants : la recherche de l'absolu — qui lui fait assimiler l'univers à « un défaut/Dans la pureté du Non-Être » (« Ébauche d'un serpent ») —, l'attention portée à ce qui naît et s'esquisse « entre le vide et l'événement pur » *(Le Cimetière marin)*, l'esthétique de la suggestion plus que de la désignation placent cette poésie dans le sillage de Mallarmé. S'il reprend aussi de son maître la volonté de passer, par le travail poétique, du désordre de l'existence à l'ordre de l'œuvre, et du contingent au nécessaire, Valéry se montre cependant plus préoccupé de l'élaboration du poème que du résultat produit, « beaucoup plus attentif à la formation et à la fabrication des œuvres qu'aux œuvres mêmes » *(Variété)*. C'est pourquoi il ne dissocie pas l'activité critique du travail de création — « Tout poète est nécessairement un critique de premier ordre » *(Variété)* — et définit la poésie comme « un exercice plutôt qu'une action, une recherche plutôt qu'une délivrance » *(ibid.)*. L'originalité de cette tentative réflexive — qui invite à lire la plupart des poèmes de Valéry comme des métaphores de l'acte poétique — est de proposer toujours une *aventure* de la pensée et de la sensibilité à travers une écriture remarquablement maîtrisée. Élaborée à partir de la « crise de vers » dont avait parlé Mallarmé, l'œuvre de Valéry ne tente cependant jamais de désarticuler l'expression ou de briser le moule poétique comme ce fut le désir des surréalistes et des poètes qui voulurent développer l'héritage de Rimbaud. Pour lui, la poésie est d'abord un art du langage : loin de s'abandonner au rêve, à l'automatisme ou au culte de la spontanéité, il veut faire rendre gorge — c'est-à-dire rendre son sens et ses effets — au langage par la sollicitation raisonnée des formes. C'est donc sa valeur de contrainte qui l'intéresse dans l'académisme, son pouvoir de fécondation de la lettre du texte : la chair du poème est ainsi nourrie par une sensibilité toujours en éveil, un érotisme omniprésent, une richesse d'images qui affleurent sous la transparence de l'esprit qui les ressaisit en surface. La conviction que la poésie est d'abord langage, c'est-à-dire travail d'une manière verbale avant d'être expression d'un moi, a conduit Valéry à des audaces théoriques qui éclairent toute la littérature du XXᵉ siècle. Puisque le poème existe indépendamment de son créateur, il doit être apprécié non pas à travers la volonté qui l'a précédé mais dynamiquement, par l'effet qu'il produit : il faut séparer la « recherche de la génération d'une œuvre » de « l'étude de la production de sa valeur, c'est-à-dire des effets qu'elle peut engendrer » *(Cours de poétique)*. De ce fait, chaque lecture est une renaissance de l'œuvre, susceptible de recevoir un sens neuf : « Il n'y a pas de vrai sens d'un texte [...] Une fois publié, un texte est comme un appareil dont chacun se peut servir à sa guise et selon ses moyens » *(Variété)*. Quel rôle tiennent alors les intentions de l'auteur ? Elles ne participent souvent que d'une démarche essentiellement *pratique* : « Si l'on s'inquiète [...] de ce que j'ai ''voulu dire'' dans tel poème, je réponds que je n'ai pas *voulu dire*, mais *voulu faire*, et que ce fut l'intention de *faire* qui a *voulu* ce que j'ai *dit*... » *(Variété)* ; ainsi Valéry précisa-t-il, à propos du *Cimetière marin*, que son « intention ne fut d'abord qu'une figure rythmique vide, ou remplie de syllabes vaines, qui (le) vint obséder quelque temps ». Toute l'œuvre de Valéry anticipe donc et développe cette double critique du sujet et de la signification, que, jusqu'au Nouveau Roman et à l'anti-théâtre des années cinquante, la littérature du XXᵉ siècle devait interroger. Révolutionnaire par cet aspect essentiel, sa poésie ne cesse de mettre à l'épreuve le mythe de la profondeur, de lancer à la signification le défi des formes, et, de ce fait, de *provoquer* le lecteur derrière ses apparences impassibles.

Recueils : *La Jeune Parque* (1917) ; *Le Cimetière marin* (1920) ; *Album de vers anciens* (1920) ; *Charmes* (1922).

A consulter : André Berne-Joffroy, *Valéry,* Gallimard, 1971 ; Jean Hytier, *La Poétique de Valéry,* A. Colin, 1953 ; Daniel Oster, *Monsieur Valéry,* éd. du Seuil, 1981.

LA FILEUSE

Lilia..., neque nent[1].

Assise, la fileuse au bleu de la croisée
Où le jardin mélodieux se dodeline ;
Le rouet ancien qui ronfle l'a grisée.

Lasse, ayant bu l'azur, de filer la câline
Chevelure, à ses doigts si faibles évasive,
Elle songe, et sa tête petite s'incline.

Un arbuste et l'air pur font une source vive
Qui, suspendue au jour, délicieuse arrose
De ses pertes de fleurs le jardin de l'oisive.

Une tige, où le vent vagabond se repose,
Courbe le salut vain de sa grâce étoilée,
Dédiant magnifique, au vieux rouet, sa rose.

Mais la dormeuse file une laine isolée ;
Mystérieusement l'ombre frêle se tresse
Au fil de ses doigts longs et qui dorment, filée.

Le songe se dévide avec une paresse
Angélique, et sans cesse, au doux fuseau crédule,
La chevelure ondule au gré de la caresse...

Derrière tant de fleurs, l'azur se dissimule,
Fileuse de feuillage et de lumière ceinte :
Tout le ciel vert se meurt. Le dernier arbre brûle.

Ta sœur, la grande rose où sourit une sainte,
Parfume ton front vague au vent de son haleine
Innocente, et tu crois languir... Tu es éteinte

Au bleu de la croisée où tu filais la laine.

Album de vers anciens, 1920, Gallimard.

---

1. Citation elliptique de l'*Évangile selon saint Matthieu* : « Les lis [ne travaillent] ni ne filent. »

LA JEUNE PARQUE

A André Gide
Depuis bien des années
j'avais laissé l'art des vers :
essayant de m'y astreindre encore,
j'ai fait cet exercice
que je te dédie.
1917

Le Ciel a-t-il formé cet amas de merveilles
Pour la demeure d'un serpent ?
                    Pierre CORNEILLE

Qui pleure là, sinon le vent simple, à cette heure
Seule, avec diamants extrêmes ?... Mais qui pleure,
Si proche de moi-même au moment de pleurer ?

Cette main, sur mes traits qu'elle rêve effleurer,
Distraitement docile à quelque fin profonde,
Attend de ma faiblesse une larme qui fonde,
Et que de mes destins lentement divisé,
Le plus pur en silence éclaire un cœur brisé.
La houle me murmure une ombre de reproche,
Ou retire ici-bas, dans ses gorges de roche,
Comme chose déçue et bue amèrement,
Une rumeur de plainte et de resserrement...
Que fais-tu, hérissée, et cette main glacée,
Et quel frémissement d'une feuille effacée
Persiste parmi vous, îles de mon sein nu ?...
Je scintille, liée à ce ciel inconnu...
L'immense grappe brille à ma soif de désastres.

Tout-puissants étrangers, inévitables astres
Qui daignez faire luire au lointain temporel
Je ne sais quoi de pur et de surnaturel ;
Vous qui dans les mortels plongez jusques aux larmes
Ces souverains éclats, ces invincibles armes,
Et les élancements de votre éternité,
Je suis seule avec vous, tremblante, ayant quitté
Ma couche ; et sur l'écueil mordu par la merveille,

J'interroge mon cœur quelle douleur l'éveille,
Quel crime par moi-même ou sur moi consommé ?...
... Ou si le mal me suit d'un songe refermé,
Quand (au velours du souffle envolé l'or des lampes)
J'ai de mes bras épais environné mes tempes,
Et longtemps de mon âme attendu les éclairs ?
Toute ? Mais toute à moi, maîtresse de mes chairs,
Durcissant d'un frisson leur étrange étendue,
Et dans mes doux liens, à mon sang suspendue,
Je me voyais me voir, sinueuse, et dorais
De regards en regards, mes profondes forêts.

J'y suivais un serpent qui venait de me mordre.

Quel repli de désirs, sa traîne !... Quel désordre
De trésors s'arrachant à mon avidité,
Et quelle sombre soif de la limpidité !

Ô ruse !... A la lueur de la douleur laissée
Je me sentis connue encor plus que blessée...
Au plus traître de l'âme, une pointe me naît ;
Le poison, mon poison, m'éclaire et se connaît :
Il colore une vierge à soi-même enlacée,
Jalouse... Mais de qui, jalouse et menacée ?
Et quel silence parle à mon seul possesseur ?

Dieux ! Dans ma lourde plaie une secrète sœur
Brûle, qui se préfère à l'extrême attentive. [...]

La Jeune Parque, 1917, Gallimard.

L'ABEILLE

Quelle, et si fine, et si mortelle,
Que soit ta pointe, blonde abeille,
Je n'ai, sur ma tendre corbeille,
Jeté qu'un songe de dentelle.

Pique du sein la gourde belle,
Sur qui l'Amour meurt ou sommeille,
Qu'un peu de moi-même vermeille
Vienne à la chair ronde et rebelle !

J'ai grand besoin d'un prompt tourment :
Un mal vif et bien terminé
Vaut mieux qu'un supplice dormant !

Soit donc mon sens illuminé
Par cette infime alerte d'or
Sans qui l'Amour meurt ou s'endort !

Charmes, 1922, Gallimard.

LES GRENADES

Dures grenades entr'ouvertes
Cédant à l'excès de vos grains,
Je crois voir des fronts souverains
Éclatés de leurs découvertes !

Si les soleils par vous subis,
Ô grenades entre-bâillées,
Vous ont fait d'orgueil travaillées
Craquer les cloisons de rubis,

Et que si l'or sec de l'écorce
A la demande d'une force
Crève en gemmes rouges de jus,

Cette lumineuse rupture
Fait rêver une âme que j'eus
De sa secrète architecture.

Charmes, 1922, Gallimard.

• « L'Amateur de poèmes »

« SI je regarde tout à coup ma véritable pensée, je ne me console pas de devoir subir cette parole intérieure sans personne et sans origine ; ces figures éphémères ; et cette infinité d'entreprises interrompues par leur propre facilité, qui se transforment l'une dans l'autre, sans que rien ne change avec elles. Incohérente sans le paraître, nulle instantanément comme elle est spontanée, la pensée, par sa nature, manque de style.

MAIS je n'ai pas tous les jours la puissance de proposer à mon attention quelques êtres nécessaires, ni de feindre les obstacles spirituels qui formeraient une apparence de commencement, de plénitude et de fin, au lieu de mon insupportable fuite.

UN poème est une durée, pendant laquelle, lecteur, je respire une loi qui fut préparée ; je donne mon souffle et les machines de ma voix ; ou seulement leur pouvoir, qui se concilie avec le silence.

JE m'abandonne à l'adorable allure : lire, vivre où mènent les mots. Leur apparition est écrite. Leurs sonorités concertées. Leur ébranlement se compose, d'après une méditation antérieure, et ils se précipiteront en groupes magnifiques ou purs, dans la résonance. Même mes étonnements sont assurés : ils sont cachés d'avance, et font partie du nombre.

MÛ par l'écriture fatale, et si le mètre toujours futur enchaîne sans retour ma mémoire, je ressens chaque parole dans toute sa force, pour l'avoir indéfiniment attendue. Cette mesure qui me transporte et que je colore, me garde du vrai et du faux. Ni le doute ne me divise, ni la raison ne me travaille. Nul hasard, mais une chance extraordinaire se fortifie. Je trouve sans effort le langage de ce bonheur ; et je pense par artifice, une pensée toute certaine, merveilleusement prévoyante — aux lacunes calculées, sans ténèbres involontaires, dont le mouvement me commande et la quantité me comble : une pensée singulièrement achevée. »

Album de vers anciens, Gallimard.

• Prose et poésie

« La poésie se distingue de la prose pour n'avoir ni toutes les mêmes gênes, ni toutes les mêmes licences que celle-ci. L'essence de la prose est de périr, — c'est-à-dire d'être « comprise », — c'est-à-dire, d'être dissoute, détruite sans retour, entièrement remplacée par l'image ou par l'impulsion qu'elle signifie selon la convention du langage. Car la prose sous-entend toujours l'univers de l'expérience et des actes, — univers dans lequel, — ou *grâce auquel,* — nos perceptions et nos actions ou émotions doivent finalement se correspondre ou se répondre d'une seule manière, — *uniformément.* L'univers pratique se réduit à un ensemble de *buts.* Tel but atteint, la parole expire. Cet univers exclut l'ambiguïté, l'élimine ; il commande que l'on procède par les plus courts chemins, et il étouffe au plus tôt les harmoniques de chaque événement qui s'y produit à l'esprit.

Mais la poésie exige ou suggère un « Univers » bien différent : univers de relations réciproques, analogue à l'univers des sons, dans lequel naît et se meut la pensée musicale. Dans cet univers poétique, la résonance l'emporte sur la causalité, et la « forme », loin de s'évanouir dans son effet, est comme *redemandée* par lui. L'Idée revendique sa voix.

(Il en résulte une différence *extrême* entre les moments constructeurs de prose et les moments créateurs de poésie.)

Ainsi, dans l'art de la Danse, l'état du danseur (ou celui de l'amateur de ballets), étant l'objet de cet art, les mouvements et les déplacements des corps n'ont point de terme dans l'*espace,* — point de but visible ; point de *chose,* qui jointe les annule ; et il ne vient à l'esprit de personne d'imposer à des actions chorégraphiques la loi des actes *non poétiques,* mais *utiles,* qui est de s'effectuer *avec la plus grande économie de forces,* et *selon les plus courts chemins.* »

Variété, Gallimard.

• Pour une étude de « La Fileuse »

1. Une esthétique double : le tableau (cf. le titre du poème, la référence à la peinture hollandaise, la composition symétrique du texte, l'importance des rapports d'espace) et le drame (passage d'un être à son absence ; tension entre la vie et la mort ; importance des mouvements vibratoires, placés dans un temps indécis).

2. Le travail de filage, « filé » dans le poème : entremêlement des motifs et des sonorités qui « tissent » le texte. Le travail du poète : rêverie, déformation de la vision, contamination des registres, retour obsessionnel d'images fantasmatiques.

3. Un poème du désir : intervention de la sensibilité de l'observateur, surdétermination érotique et transfiguration spirituelle de la femme ; l'apparition finale du poète et l'invitation par l'écho du premier vers dans le dernier, à la relecture du poème.

PAUL FORT (1872-1960)

Né à Reims le 1er février 1872, il poursuit ses études à Paris, où il se fait renvoyer du lycée Louis-le-Grand. Directeur du Théâtre d'Art, fondé en 1890, et de la revue *Le Livre d'art*, créée deux ans plus tard, il s'impose rapidement dans le monde des lettres : Mallarmé et Verlaine sont témoins à son mariage en 1891, et il publie ses premières plaquettes de vers dès 1894, avant de faire paraître, en 1897, le premier volume des *Ballades françaises*, dont il poursuivra la publication jusqu'en 1958. En 1912, à la Closerie des Lilas, il est élu « Prince des poètes ». Les publications se multiplient, en même temps que ses tournées de conférences sur la poésie : en Suisse (1914), Belgique (1920), Amérique du Sud (1921), Grande-Bretagne (1925). Après avoir déserté la capitale pendant l'occupation, il revient en 1944 à Paris, où la publication de ses *Œuvres complètes*, commencée en 1922, se poursuit. L'Académie française lui décerne son grand prix en 1952. Six ans plus tard, il s'installe définitivement dans la maison de Montlhéry qu'il s'est fait construire et où il meurt le 20 avril 1960.

La « ballade » que Paul Fort a pratiquée avec une constance inlassable (il se définissait lui-même comme un « arbre à poèmes », et l'édition définitive de ses *Ballades françaises* comprend dix-sept tomes) est bien différente, par son ton et son inspiration, de la « ballade » germanique, à coloration épique et lyrique, qu'avaient acclimatée en France des poètes romantiques allemands comme Henri Heine. Malgré l'héritage symboliste dont il se nourrit, Paul Fort répugne à l'orchestration stylistique autant qu'à l'introspection ; il semble vouloir se cantonner modestement dans la complainte et le couplet populaire, grâce à une inspiration qui emprunte aux traditions régionales et nationales. Qu'il puise dans la mythologie populaire ou évoque des réalités quotidiennes, il parvient à faire autant de tableaux vifs et animés, proches parfois de l'enluminure médiévale, rehaussés souvent par l'humour ou une sentimentalité faussement naïve. Sa réussite tient à son sens de la concision, du dessin rapide, du chatoiement coloré, autant qu'à un lyrisme voilé qui se traduit rythmiquement par l'usage volontaire et maîtrisé du prosaïsme : « J'ai tenté de marquer la supériorité du rythme sur l'artifice de la poésie. Exactement j'ai cherché un style pouvant passer, au gré de l'émotion, de la prose au vers et du vers à la prose ; la prose rythmée fournit la transition » (préface du *Roman de Louis XI*, 1898).

Principaux recueils : *Ballades françaises et chroniques de France,* 17 tomes, Flammarion (1922 à 1958).

A consulter : Pierre Béarn, *Paul Fort,* Seghers, coll. « Poètes d'aujourd'hui », 1975.

LE BERCEMENT DU MONDE

Du coteau, qu'illumine l'or tremblant des genêts, j'ai vu jusqu'au lointain, le bercement du monde, j'ai vu ce peu de terre infiniment rythmée me donner le vertige des distances profondes.

L'azur moulait les monts. Leurs pentes alanguies s'animaient sous le vent du lent frisson des mers. J'ai vu, mêlant leurs lignes, les vallons rebondis trembler jusqu'au lointain de la fièvre de l'air.

Là, le bondissement au penchant du coteau des terres labourées où les sillons se tendent, courbes comme des arcs où pointent les moissons avant de s'élancer vers le ciel dans l'air tendre.

Là se creuse un vallon, sous des prés en damier, que blesse en un repli la flèche d'un clocher ; ici des roches rouges aux arêtes brillantes se gonflent d'argent pur où coule une eau fumante.

Plus loin encor s'étage une contrée plus belle, où luisent des pommiers près de leur ombre ronde. Là, dans un creux huileux de calme, le soleil, où vit une prairie, fait battre une émeraude.

Et je voyais des terres et des terres plus loin, en marche vers le ciel et qui semblaient plus pures ; l'une où tremblait le fard gris-perle des lointains ; les autres, au bord du ciel, étaient déjà l'azur.

Je restai jusqu'au soir à contempler cette œuvre, à suivre l'ondulation de cette mer, et je sentais très doucement faiblir mon cœur au bercement sans fin des vagues de la terre.

Comme un bouillonnement de vagues déchaînées, devant moi jusqu'aux grèves en feu du soleil, je vis vallons et monts, nuages, ciel d'été, remonter l'infini des clartés et s'y perdre.

Je me tenais debout entre les genêts d'or, dans le soir où Dieu jette un grand cri de lumière... et je levais tremblant la palme de mon corps vers cette grande Voix qui rythme l'Univers.

Ballades françaises, Flammarion.

COMPLAINTE DU PETIT CHEVAL BLANC

Le petit cheval dans le mauvais temps, qu'il avait donc du courage ! C'était un petit cheval blanc, tous derrière et lui devant.

Il n'y avait jamais de beau temps dans ce pauvre paysage. Il n'y avait jamais de printemps, ni derrière ni devant.

Mais toujours il était content, menant les gars du village, à travers la pluie noire des champs, tous derrière et lui devant.

Sa voiture allait poursuivant sa belle petite queue sauvage. C'est alors qu'il était content, eux derrière et lui devant.

Mais un jour, dans le mauvais temps, un jour qu'il était si sage, il est mort par un éclair blanc, tous derrière et lui devant.

Il est mort sans voir le beau temps, qu'il avait donc du courage ! Il est mort sans voir le printemps ni derrière ni devant.

Ballades françaises, Flammarion.

LE POÉMIER

Sors de ce vieux bourbier de poésie, poète ! de sa vase gluante aux crapauds endormis. Soulève-toi d'horreur, mais non plus à demi, couvert de lieux communs épais, d'images blettes.

Jarrets gonflés par ton effort, soulève-toi des eaux croupies du Rêve. — Oui, c'est fait. Mais pourquoi resté-je ainsi courbé, vaincu par mon effort ! Un peuple de sylvains me nargue sur ces bords ?...

A leurs cris je me dresse en piétinant d'orgueil. Que fais-je là ? Je prends racine, je m'enfeuille, et j'entends rire Pan au cœur de ma feuillée... Je suis un arbre à poèmes : un poémier.

Ballades françaises, Flammarion.

CHARLES PÉGUY (1873-1914)

Il naît à Orléans, le 7 janvier 1873, dans une famille très modeste. Son père, menuisier, meurt quelques mois après sa naissance ; sa mère devient rempailleuse de chaises. A l'issue d'études secondaires très brillantes, et après avoir accompli son service militaire, il réussit en 1894 le concours d'entrée à l'École normale supérieure. Dès 1897, ses premières publications indiquent les orientations de son œuvre future : religieuse et patriotique avec son drame *Jeanne d'Arc* ; politique avec un manifeste socialiste, *De la Cité socialiste*. Après avoir, dans la presse, mené campagne pour Dreyfus, il fonde en 1900 les célèbres *Cahiers de la Quinzaine* qui, jusqu'à leur cessation en juillet 1914, comprendront 229 numéros ; Péguy publiera dans plus de la moitié d'entre eux, y développant une critique de plus en plus appuyée du positivisme et du terrorisme idéologique, qui le conduira à rompre avec les représentants officiels du socialisme de son temps, dont il ne partage pas, en outre, l'idéal pacifiste et internationaliste. Au terme de cette évolution, Péguy revient à la foi de son enfance, par une nouvelle adhésion au catholicisme en 1907. Il mène jusqu'à la guerre une activité inlassable pour gagner de nouveaux abonnés, imposer — avec un vigoureux talent de polémiste — ses idées, et écrire son œuvre (*Notre jeunesse*, 1910 ; *Victor-Marie, comte Hugo*, 1910 ; *Le Porche du mystère de la deuxième vertu*, 1911 ; *L'Argent*, 1913). Mobilisé en 1914, il est tué au combat le 5 septembre 1914, près de Villeroy, en Seine-et-Marne.

L'œuvre poétique de Charles Péguy n'est « littéraire » que dans une mesure particulière ; les titres de ses recueils, *Les Tapisseries* ou *Le Porche de la deuxième vertu*, montrent une fascination pour des formes de création plastique qui échappent au langage et rejoignent les manifestations populaires de la foi médiévale. C'est elle que Péguy veut entretenir et perpétuer par son œuvre ; elle lui donne son inspiration, en détermine l'allure de processionnal rythmé. Gide se disait exaspéré par les multiples répétitions de cette poésie. C'est qu'il se refusait à en saisir l'esprit, le mouvement spirituel qui l'anime — au sens le plus profond du terme —, et ne consent à passer par le langage que pour le dépasser. Pour le croyant Péguy, les mots sont nécessaires mais toujours insuffisants ; ils retiennent et perdent ce que le poète veut leur faire dire ;

il faut donc y revenir dans un incessant mouvement de retour et de préservation. La répétition procède en outre du modèle biblique du cantique d'invocation ou de louange, dont Péguy entretient le ton par le verset ou l'alexandrin lent et rythmé. Il rejoint également l'Écriture sainte par l'incessante référence au monde naturel — dans lequel il puise ses images les plus fortes —, par une volontaire simplicité syntaxique, et par une alliance fréquente de l'abstrait et du concret qui rejoint le mystère de l'Incarnation. Ce spiritualisme théologique et stylistique s'enrichit naturellement de l'inspiration politique de Péguy : sa religion est toute d'humilité, elle donne la première place aux humbles, au petit peuple des paysans et artisans ; le poème dit leur foi avec une ferveur telle qu'il est aussi une célébration de leur éminente dignité.

Principaux recueils : Le Porche du mystère de la deuxième vertu (1911) ; La Tapisserie de sainte Geneviève et de Jeanne d'Arc (1912) ; La Tapisserie de Notre-Dame (1913).

A consulter : Bernard Guyon, Péguy, Hatier, coll. « Connaissance des Lettres », 1960 ; Simone Fraisse, Péguy, éd. du Seuil, coll. « Écrivains de toujours », 1970.

PRÉSENTATION DE LA BEAUCE
A NOTRE-DAME DE CHARTRES

Étoile de la mer voici la lourde nappe
Et la profonde houle et l'océan des blés
Et la mouvante écume et nos greniers comblés,
Voici votre regard sur cette immense chape

Et voici votre voix sur cette lourde plaine
Et nos amis absents et nos cœurs dépeuplés
Voici le long de nous nos poings désassemblés
Et notre lassitude et notre force pleine.

Étoile du matin, inaccessible reine,
Voici que nous marchons vers votre illustre cour,
Et voici le plateau de notre pauvre amour,
Et voici l'océan de notre immense peine.

Un sanglot rôde et court par-delà l'horizon.
A peine quelques toits font comme un archipel.
Du vieux clocher retombe une sorte d'appel.
L'épaisse église semble une basse maison.

Ainsi nous naviguons vers votre cathédrale.
De loin en loin surnage un chapelet de meules,
Rondes comme des tours, opulentes et seules
Comme un rang de châteaux sur la barque amirale.

Deux mille ans de labeur ont fait de cette terre
Un réservoir sans fin pour les âges nouveaux.
Mille ans de votre grâce ont fait de ces travaux
Un reposoir sans fin pour l'âme solitaire.

Vous nous voyez marcher sur cette route droite,
Tout poudreux, tout crottés, la pluie entre les dents.
Sur ce large éventail ouvert à tous les vents
La route nationale est notre porte étroite.

Nous allons devant nous, les mains le long des poches,
Sans aucun appareil, sans fatras, sans discours,
D'un pas toujours égal, sans hâte ni recours,
Des champs les plus présents vers les champs les plus
proches.

Vous nous voyez marcher, nous sommes la piétaille.
Nous n'avançons jamais que d'un pas à la fois.
Mais vingt siècles de peuple et vingt siècles de rois,
Et toute leur séquelle et toute leur volaille

Et leurs chapeaux à plume avec leur valetaille
Ont appris ce que c'est que d'être familiers,
Et comme on peut marcher, les pieds dans ses souliers,
Vers un dernier carré le soir d'une bataille.

Nous sommes nés pour vous au bord de ce plateau,
Dans le recourbement de notre blonde Loire,
Et ce fleuve de sable et ce fleuve de gloire
N'est là que pour baiser votre auguste manteau.

Nous sommes nés au bord de ce vaste plateau,
Dans l'antique Orléans sévère et sérieuse,
Et la Loire coulante et souvent limoneuse
N'est là que pour laver les pieds de ce coteau.

Nous sommes nés au bord de votre plate Beauce
Et nous avons connu dès nos plus jeunes ans
Le portail de la ferme et les durs paysans
Et l'enclos dans le bourg et la bêche et la fosse.

Nous sommes nés au bord de votre Beauce plate
Et nous avons connu dès nos premiers regrets
Ce que peut recéler de désespoirs secrets
Un soleil qui descend dans un ciel écarlate

Et qui se couche au ras d'un sol inévitable
Dur comme une justice, égal comme une barre,
Juste comme une loi, fermé comme une mare,
Ouvert comme un beau socle et plan comme une table. [...]

La Tapisserie de Notre-Dame, 1913, Gallimard.

MAX JACOB (1876-1944)

Il naît à Quimper le 11 juillet 1876. Autant par ses légendes et traditions que par sa culture catholique, la Bretagne imprégnera profondément sa sensibilité. Arrivé à Paris à la fin du siècle, il y exerce les métiers les plus divers et devient l'ami de Picasso et de Guillaume Apollinaire, par qui il s'intègre au milieu des artistes montmartrois. D'origine israélite, il se convertit au catholicisme à la suite d'une révélation mystique, le 7 octobre 1909, et toute sa vie s'en trouvera changée. Après *Le Cornet à dés* — composé de poèmes en prose —, paru en 1917, il publie en 1921 *Le Laboratoire central*, et part cette même année à Saint-Benoist-sur-Loire, pour y faire retraite et s'y astreindre à la vie religieuse ; il y reviendra après une brève tentative de retour à Paris. Il vit alors de la vente de ses dessins et peintures et continue son œuvre poétique tout en poursuivant une méditation intérieure de plus en plus mystique. Pendant la guerre, les persécutions antijuives atteignent sa famille. Arrêté par la Gestapo le 24 février 1944, il meurt au camp de Drancy le 5 mars.

Les titres des deux recueils majeurs de Max Jacob définissent à eux seuls l'ambition et l'audace de sa poésie : elle est ce « cornet à dés » où l'écriture donne sa chance au hasard, et, bien loin de l'ambition métaphysique du « coup de dés » mallarméen, s'émerveille des surprises qu'il lui ménage ; elle est aussi un « laboratoire central », où l'alchimie de l'esprit décompose et recompose l'univers, combine les visions et sentiments dans une effervescence impatiente. A partir du désir explicite d'associer « le style ou volonté et la situation ou émotion », Max Jacob put, dans *Le Cornet à dés*, établir durablement l'esthétique du poème en prose — dont il reste l'un des maîtres — par une alliance de concentration, d'impersonnalité apparente et d'imprévu. L'esprit de jeu domine cette œuvre, et lui permet, par l'humour constant, une gravité sans lourdeur ; la confession lyrique s'y entrelace de coq-à-l'âne imprévus, parce que les mots obéissent à leur ordre propre tout en trahissant l'émotion. L'écriture est ainsi faite de volte-face soudaines, de rebonds imprévisibles qui avivent la sensibilité du lecteur et mettent à l'épreuve sa capacité de perception poétique. A lire ses textes, on éprouve pour soi-même ce que Max Jacob écrivait en pensant au poète dans la préface du *Cornet à dés* : « L'art est proprement une *distraction* [...] Une œuvre d'art est une force qui attire, qui absorbe les forces disponibles de celui qui l'approche. »

Principaux recueils : *Le Cornet à dés* (1917) ; *Le Laboratoire central* (1921) ; *Fond de l'eau* (1927) ; *Rivage* (1931) ; *Derniers poèmes en vers et en prose* (1945).

A consulter : André Billy, *Max Jacob,* Seghers, coll. « Poètes d'aujourd'hui », 1945 ; René Plantier, *L'Univers poétique de Max Jacob,* Klincksieck, 1963.

GENRE BIOGRAPHIQUE

Déjà, à l'âge de trois ans, l'auteur de ces lignes était remarquable : il avait fait le portrait de sa concierge en passe-boule[1], couleur terre-cuite, au moment où celle-ci, les yeux pleins de larmes, plumait un poulet. Le poulet projetait un cou platonique. Or, ce n'était ce passe-boule, qu'un passe-temps. En somme, il est remarquable qu'il n'ait pas été remarqué : remarquable, mais non regrettable, car s'il avait été remarqué, il ne serait pas devenu remarquable ; il aurait été arrêté dans sa carrière, ce qui eût été regrettable. Il est remarquable qu'il eût été regretté et regrettable qu'il eût été remarqué. Le poulet du passe-boule était une oie.

Le Cornet à dés, 1917, Gallimard.

---

1. Représentation de la tête d'un personnage, dont la bouche est démesurément ouverte pour recevoir les boules lancées par un joueur.

Les beaux jambages que la mer écrit ! et c'est
Et c'est pour toujours, pour toujours effacé,
Rien qu'un message et puis on rentre
On rentre, brouff ! se battre le ventre —
La mer — comme l'eau d'un évier
Sans qu'aucun rocher rose ait pu la dévier.
La corvette a touché le ras des polypiers.
Va ! rivalise à la course, ô lambeau de mer amère !
Des enfers la mer lance l'écume
Rivalise avec le soleil qui becquète le ciel vert
La corvette a touché, ô mer, les mystérieux polypiers
Mer ! ah ! que l'équipage est las de la manœuvre
Mer ! offre ta feuille pure, tel un papier,
Aux galets en fête que tu ne peux charrier
La machine a des cris, les bras vains d'une pieuvre
Et trois vieux marins s'apprêtent à recuire
Le goéland mourant dont la chair est si dure
Ainsi quand mon esprit, etc...

Le Laboratoire central, 1921, Gallimard.

ARC-EN-CIEL

C'était l'heure où la nuit fait gémir les montagnes
Les rochers noirs craquaient du pas des animaux,
Les oiseaux s'envolaient des sinistres campagnes
Pour approcher la mer, un meilleur horizon.
Le diable poursuivait un poète en ce temps.
Le poète fixait la mer comme une mort
Car la mer en ce lieu poudrait le cap d'une anse
Et la mer écaillait la peau des rocs immenses.
Mais Jésus, rayonnant de feu derrière la tête,
Portant la croix, vint à monter des rochers noirs.
Le poète a tendu les bras vers le Sauveur
Alors tout s'effaça : la nuit sombre et les bêtes.
Le poète a suivi le Dieu pour son bonheur.

Le Laboratoire central, 1921, Gallimard.

CONFESSION DE L'AUTEUR
SON PORTRAIT EN CRABE

Comme une cathédrale il est cravaté d'ombre
mille pattes à lui, quatre à moi.
Chacun nos boucliers, le mien ne se voit pas.
Le crabe et moi ! je ne suis guère plus qu'un concombre.
J'aurais été danseur avec des crocs plus minces,
pianiste volubile si je n'avais des pinces.
Lui ne se gêne pas de ses armes ; il les porte à la tête
Et ce sont des mains jointes
tandis que de ses tire-lignes, il fait des pointes.
Vous avez, maître cancre, jambe et pieds ogivaux ;
je me voudrais gothique et ne suis qu'en sabots.
Ma carapace aussi parsemée, olivâtre
devient rouge bouillie aux colères de l'âtre
c'est contre qui en somme ou plutôt c'est pourquoi
ce bouclier que j'ai gris et noir comme un toit ?
(après tout, peut-être n'est-ce que du théâtre ?)
Ah ! c'est que tous les deux on n'est pas débonnaire.
Le crabe et moi ! plus cruels que méchants,
aveugles, sourds, prenant du champ,
blessants blessés, vieux solitaires, pierre.
Obliquité ! légèreté ! mais moi je suis un cancre aimable,
trop aimable, dit-on, badin.
Volontiers je m'assieds à table.
Le cancre étant bigle est malin,
vise crevette et prend goujon
mais j'ai l'œil empêtré dans les marais bretons.
Un jour le cancre a dit : « Ah ! je quitte la terre
pour devenir rocher près du sel de la mer. »
J'ai répondu : « Tu la quittes à reculons
prêt à contréchanger tous les poisons. »

Derniers Poèmes, 1945, Gallimard.

AMOUR DU PROCHAIN

Qui a vu le crapaud traverser une rue ? C'est un tout petit homme : une poupée n'est pas plus minuscule. Il se traîne sur les genoux : il a honte, on dirait… ? non ! Il est rhumatisant. Une jambe reste en arrière, il la ramène ! Où va-t-il ainsi ? Il sort de l'égout, pauvre clown. Personne n'a remarqué ce crapaud dans la rue. Jadis personne ne me remarquait dans la rue, maintenant les enfants se moquent de mon étoile jaune. Heureux crapaud ! tu n'as pas l'étoile jaune.

Derniers Poèmes, 1945, Gallimard.

LA MORT

Le corps gelé dans le charnier du monde qui lui rendra la vie pour l'en faire sortir ?

La montagne du charnier est sur mon corps qui dégagera la vie pour l'en faire sortir ?

Comme un nuage d'abeilles s'avancent les yeux, les yeux d'Argus[1] ou ceux du mouton de l'Apocalypse[2].

Le nuage a fondu le charnier de mon corps. Place, m'entendez-vous, place à l'arrivée douce du Seigneur.

Bref le corps n'est plus qu'un dessin léger, les yeux du nuage aussi sont évanouis.

A peine s'il reste l'étendue d'un beefsteak, une tache de sang et quelques débris de marbre pour rappeler un nom oublié.

Derniers Poèmes, 1945, Gallimard.

---

1. Ou Argos, personnage de la mythologie grecque, pourvu de cent yeux dont la moitié restaient toujours ouverts. - 2. Dans *L'Apocalypse* de Saint Jean, l'Agneau qui ouvre le livre des décrets divins porte « sept cornes et *sept yeux,* qui sont les sept Églises de Dieu *en mission par toute la terre* ».

LÉON-PAUL FARGUE (1876-1947)

Il naît le 5 mars 1876 à Paris. Sa sensibilité est fortement marquée par l'influence de son père, ingénieur de l'École centrale, dont la disparition, en 1909, l'affectera gravement. Interrompant des études supérieures commencées au lycée Henri-IV (où il fait la connaissance de Thibaudet et de Jarry), il décide de consacrer sa vie à l'art et se lance dans une vie mondaine, souvent nocturne, qui lui fera connaître Valéry, Debussy, Larbaud, Stravinski, Satie. Il s'emploiera avec ses amis à défendre les tendances de l'art moderne. Après la guerre de 1914-1918, il fera la connaissance de Picasso et partagera avec Valéry, Paulhan et Larbaud la direction de la prestigieuse revue *Commerce*. Il a jusqu'alors beaucoup écrit mais peu publié. La consécration littéraire lui viendra avec la parution, en 1928, de *Vulturne* et d'*Épaisseurs*. Il publie des chroniques fort appréciées dans *Voilà*, et fait paraître en 1941 *Le Piéton de Paris*. Frappé d'hémiplégie en 1943, il mourra le 24 novembre 1947.

Le contraste est extrême entre le personnage que Léon-Paul Fargue a représenté pour beaucoup de ses contemporains — un noctambule « piéton de Paris », mobile au point d'en paraître évanescent, un joueur qui s'enchante de l'apparence des choses — et l'être profond que révèle son œuvre. Celle-ci ne cesse de dire, comme en une infinie conjuration, la perte d'un passé heureux associé à l'image tutélaire du père. Écartelé « entre la tentation d'une douloureuse fidélité et celle d'un impossible arrachement » (Jacques Borel), Léon-Paul Fargue partage avec un grand nombre de poètes de son temps le sentiment d'une nostalgie sans recours, prise au piège de « ce cabaret du Néant/Qu'est notre vie » *(Les Ludions)*. Mais il déjoue les impasses du symbolisme finissant ; il compense la gravité par un sens du jeu qui va parfois jusqu'à la bouffonnerie grotesque de la pirouette verbale ; il s'échappe de l'intimisme languide par une capacité de transfiguration fantastique ou féerique de la réalité. Son originalité est profonde en son temps ; dépassant par avance l'« esprit nouveau » que tentera de définir Guillaume Apollinaire, il développe, l'un des premiers, l'héritage de Rimbaud (à qui, dès son premier recueil, il emprunte une épigraphe : « Que comprendre à ma parole ?/ Il faut qu'elle fuie et vole ») : dans son œuvre le poème n'hésite pas à se faire *vision*, récit lucide et parfois éclaté d'hallucinations internes présentant un très fort degré de réalité. Avec lui comme avec Max Jacob, le poème en prose gagne en intensité et devient une « forme-sens » irremplaçable.

Principaux recueils : *Tancrède* (1895) ; *Poëmes* (1905) ; *Pour la musique* (1912) ; *Vulturne* (1928) ; *Épaisseurs* (1928) ; *Sous la lampe* (1929) ; *Les Ludions* (1930) ; *D'après Paris* (1932).

A consulter : Claudine Chonez, *Léon-Paul Fargue,* Seghers, coll. « Poètes d'aujourd'hui », 1959 ; Jean-Claude Walter, *Léon-Paul Fargue ou l'homme en proie à la ville,* Gallimard, 1973.

Amour tremblant. Crainte de proie.
J'aime vos deux instincts frappants.
Crainte tenace. Amour tremblant.
Je sais ton style heureusement.
Je suis le maître dans la nuit.
Amour tenace. Amour tremblant.
Tu t'es posé sur le rebord
De l'âme la plus misérable.
Comme un aigle sur un balcon !
Amour tenace. Amour tremblant,
Moi le voyageur sans souci
J'ai dû prier pour ta beauté.
Amour tenace. Amour tremblant.
L'horloge creuse de la mort
Je l'honore dans tes beaux yeux,
Je la distingue aux seins blessants.
Les fleurs qu'on ne voit que la nuit
C'est ce qui fait qu'on réfléchit.
Mais veuille surveiller nos yeux.
Quand nous souffrons fais-nous pleurer.
Lorsqu'on pleure on est presque heureux.
Amour tenace. Amour tremblant !

Tancrède, 1895, Gallimard.

La rampe s'allume. Un clavier s'éclaire au bord des vagues. Les noctiluques[1] font la chaîne. On entend bouillir et filtrer le lent bruissement des bêtes du sable..

Une barque chargée arrive dans l'ombre où les chapes vitrées des méduses montent obliquement et affleurent comme les premiers rêves de la nuit chaude..

De singuliers passants surgissent comme des vagues de fond, presque sur place, avec une douceur obscure. Des formes lentes s'arrachent du sol et déplacent de l'air, comme des plantes aux larges palmes. Les fantômes d'une heure de faiblesse défilent sur cette berge où viennent finir la musique et la pensée qui arrivent du fond des âges. Devant la villa, dans le jardin noir autrefois si clair, un pas bien connu réveille les roses mortes...

Un vieil espoir, qui ne veut pas cesser de se débattre à la lumière.. Des souvenirs, tels qu'on n'eût pas osé les arracher à leurs retraites, nous hèlent d'une voix pénétrante.. Ils font de grands signes. Ils crient, comme ces oiseaux doux et blancs aux grêles pieds d'or qui fuyaient l'écume un jour que nous passions sur la grève. Ils crient les longs remords. Ils crient la longue odeur saline et brûlée jusqu'à la courbe..

Le vent s'élève. La mer clame et flambe noir, et mêle ses routes. Le phare qui tourne à pleins poings son verre de sang dans les étoiles traverse un bras de mer pour toucher ma tête et la vitre. Et je souffre contre l'auberge isolée au bord d'un champ sombre...

Poëmes, 1905, Gallimard.

VOIX DU HAUT PARLEUR

Je suis souvent descendu parmi vous. J'ai baigné vos pointes et mes montagnes, comme un nuage. Vous ne m'avez jamais deviné dans les grandes ombres qui passaient. Je trempais la race toute petite, dont la rumeur

---

1. Animaux marins, protozoaires, qui ont la propriété d'émettre dans l'obscurité une lueur phosphorescente.

se rapprochait ! J'atterrissais sur toutes ces têtes-grandeur-naturelle, qui me regardaient sans me voir avec un sourire de raffinement qui m'a parfois désorienté. Je ne me reconnaissais plus. Je suis sorti de vous. Je suis rentré en vous. Mais vous couriez ! Et vous tapiez ! Et ces squelettes gantés de chair qui faisaient vibrer leurs instruments à cordes, à touches et à mort ! Tous ces engins, tous ces cerveaux, tous ces tragins, toutes ces pistoles ! Tout ce mat et ce larmoyant ! J'étais vos mains, votre métier, vos yeux sanglants, votre endoscope, votre niche rouge ! Ah j'ai tout vu ! J'ai senti l'odeur de vos souliers, de vos maladies, de vos primeurs, de votre guerre, de votre amour...

Il vous me fallait, plus près de moi. J'ai levé l'ancre.

Qui aime bien châtie bien.

C'était assez. Votre intelligence. Contraire à mon rythme. Massacre de mon harmonie, rupture de mon identité qui est aveugle, sourde, une et indivisible.

C'est par elle que l'homme se limitait à l'homme.

Incapables d'un clin d'œil sûr, et de se plaquer sur mon objet sans bavardage de l'esprit, vos penseurs faisaient des prix de revient qu'ils rataient toujours.

Vos idées, vos mots n'avaient ni noyau ni sauce, ni qualité ni substance. De petits échos, déchets sonores de la force. Des rapports épileptiques, une mathématique inconsciente. Pas autre chose.

Ils divisaient mon principe actif. Ils bassinaient mon unité métaphysique.

Au lieu de chercher de quoi et pour quoi les choses étaient faites, il fallait aimer les choses pour elles-mêmes.

Vous n'arriviez pas à l'état animal de l'intelligence.

Vous ne saviez pas communier.

Vos sentiments ? Vous aviez mal au ventre.

Assez !

De l'expérience à l'hypothèse, de l'idée à la pensée, de la pensée à la parole, de la parole à la mystique, de la mystique au cri de désir,

petits garçons, parlez encore un peu sous moi, dans l'infini rouleur[1] aux bruits d'éclats de verre étrangement sonores...

1. Sans doute pris dans le sens de : vaisseau qui a beaucoup de roulis.

Et puis, ne nommez plus ce qui ne se nomme pas.

Rien... Tout ! Rien. Tranquilles. Rentrez dans l'ignorance lumineuse.

Vulturne, 1928, Gallimard.

RAPPEL

Il aime à descendre dans la ville à l'heure où le ciel se ferme à l'horizon comme une vaste phalène. Il s'enfonce au cœur de la rue comme un ouvrier dans sa tranchée. La cloche a plongé devant les fenêtres et les vitrines qui s'allument. Il semble que tous les regards du soir s'emplissent de larmes. Comme dans une opale, la lampe et le jour luttent avec douceur.

Des conseils s'écrivent tout seuls et s'étirent en lettres de lave au front des façades. Des danseurs de corde enjambent l'abîme. Un grand faucheux d'or tourne sur sa toile aux crocs d'un buisson plein de fleurs. Un acrobate grimpe et s'écroule en cascade. Des naufrageurs font signe à d'étranges navires. Les maisons s'avancent comme des proues de galères où tous les sabords s'éclairent. L'homme file entre leurs flancs d'or comme une épave dans un port.

Sombres et ruisselantes, les autos arrivent du large comme des squales à la curée du grand naufrage, aveugles aux signes fulgurants des hommes.

D'après Paris, 1932, Gallimard.

VICTOR SEGALEN (1878-1919)

Né à Brest le 14 janvier 1878, il est reçu à vingt ans au concours d'entrée à l'École de santé navale — il n'aura cependant jamais la passion de la médecine ni de la mer. Après l'achèvement de ses études, il est envoyé à Tahiti à la fin de 1902 ; la conscience qu'il prend alors des ravages exercés par la présence occidentale sera à l'origine de son premier livre, *Les Immémoriaux*. Aux îles Marquises, il découvre les souvenirs laissés par Paul Gauguin, mort peu de temps auparavant et dont les dessins lui révèlent la grandeur de la civilisation maorie. Revenu en France en 1904, il rencontre Claude Debussy en 1906, publie *Les Immémoriaux* l'année suivante, et part en Chine en 1909, pour y accompagner le romancier Gilbert de Voisins. Il découvre avec émerveillement Pékin, la Chine ancienne, étudie le chinois, se passionne pour l'œuvre de Paul Claudel — qui résidait alors à Tien-tsin et qu'il rencontra — et commence à écrire ses premiers poèmes (qui prendront place dans *Stèles*) en 1910. Après un bref séjour en France, il revient en Chine en 1913 pour y organiser une vaste mission archéologique. Le projet est interrompu par le début de la Première Guerre mondiale : Segalen rentre en France, y occupe à l'hôpital de Brest un poste administratif, avant de repartir en Chine en 1917 ; il y commence un long poème sur le Tibet et réunit les matériaux pour un ouvrage projeté sur la statuaire chinoise. Revenu en France en 1918, il voit sa santé se dégrader inexorablement et meurt le 21 mai 1919.

Victor Segalen est avec Paul Claudel, qu'il admirait et auquel il dédia *Stèles*, l'un des premiers représentants au XXᵉ siècle de l'orientalisme et du cosmopolitisme poétiques, illustrés ensuite par Larbaud, Cendrars, Saint-John Perse... Son œuvre est marquée par la fascination de la Chine, où il vécut quelques années, et par la tentative de fonder une esthétique littéraire qui, hors de l'imitation servile, en transpose l'âme autant que les principes d'écriture. Ainsi tente-t-il de recomposer pour lui-même, dans *Stèles*, ces « épigraphe[s] de pierre taillée [...] corps et âme, être complet », où les mots « n'expriment pas ; ils signifient ; ils sont ». Dans *Odes*, il essaie de s'approprier le principe chinois du commentaire qui suit le poème et invite à sa relecture. Quant à *Thibet*, long poème inachevé, on y respire l'air cristallin de cimes exaltées par une rêverie extatique. De l'Extrême-Orient, Segalen retient des leçons de ferveur et de persévérance pour son âme en quête d'absolu. Il y trouve le sens d'une possession sans conquête, d'une jouissance sans transgression, d'une éternité sans durée que le poème, gravé — *Stèles* — ou proféré — *Odes* —, tente de retrouver par son existence précaire : « Il y a eu la montée et l'éclat — le Mot. — Et puis soudain le silence, la torpeur, la nuit sans nouvel espoir, sans sommeil. Rien ne retient et ne fixe » *(Odes)*. Cependant, le poème n'accepte sa fugacité que pour mieux se constituer à l'image de ces lieux sublimes dont il dit la fascination, en un mouvement d'adoration et de célébration ; il exalte l'âme, l'entraîne vers les hauteurs par le moyen d'une langue recomposée : « Que mon chant ne suive point en leur trop commune mesure/ Ces vains jeux de mots encadastrés./ Le rythme qu'il se fasse bond et, crevant la vieille mesure,/ Chemine au plus haut des cieux astrés » *(Thibet)*.

Principaux recueils : *Stèles* (1912) ; *Peintures* (1916) ; *Odes* (1926).

A consulter : Jean-Louis Bedouin, *Victor Segalen,* Seghers, coll. « Poètes d'aujourd'hui », 1963 ; Henry Bouillier, *Victor Segalen,* Mercure de France, 1961 ; Gabriel Germain, *Victor Segalen, le voyageur des deux routes,* Rougerie, 1982.

TEMPÊTE SOLIDE

Porte-moi sur tes vagues dures, mer figée, mer sans reflux ;
     tempête solide enfermant le vol des nues et mes espoirs.
Et que je fixe en de justes caractères, Montagne, toute
     la hauteur de ta beauté.

L'œil, précédant le pied sur le sentier oblique te dompte
    avec peine. Ta peau est rugueuse. Ton air est vaste et
    descend droit du ciel froid. Derrière la frange visible
    d'autres sommets élèvent tes passes. Je sais que tu dou-
    bles le chemin qu'il faut surmonter. Tu entasses les
    efforts comme les pèlerins les pierres : en hommage.

En hommage à ton altitude, Montagne. Fatigue ma route :
    qu'elle soit âpre, qu'elle soit dure ; qu'elle aille très
    haut.

Et, te quittant pour la plaine, que la plaine a de nouveau
    pour moi de beauté !

Stèles, 1912, Plon.

VENT DES ROYAUMES

Lève, voix antique, et profond Vent des Royaumes.
    Relent du passé ; odeur des moments défunts.
    Long écho sans mur et goût salé des embruns
    Des âges ; reflux assaillant comme les Huns.

Mais tu ne viens pas de leurs plaines maléfiques :
    Tu n'es point comme eux poudré de sable et de brique,
    Tu ne descends pas des plateaux géographiques
    Ni des ailleurs, — des autrefois : du fond du temps.

Non point chargé d'eau, tu n'as pas désaltéré
    Des gens au désert : tu vas sans but, ignoré
    Du pôle, ignorant le méridion doré
    Et ne passes point sur les palmes et les baumes.

Tu es riche et lourd et suave et frais, pourtant.
    Une fois encor, descends avec la sagesse
    Ancienne, et malgré mon dégoût et ma mollesse
    Viens ressusciter tout de ta grande caresse.

COMMENTAIRE. — Le Poète entend sans doute ici par « Vent des Royaumes » (expression empruntée au Livre des Vers) cette inoubliable et torrentielle impression du Passé, envahissant parfois en triomphe le Présent, « l'abominable présent cadavérique », ainsi qu'il est dit ailleurs. Ce vent est bien le souffle du Passé. Ce vent n'est pas le « Jaune » qui dévale des Steppes Mongoles (d'où cette allusion historique des Huns). Il n'apporte point la poussière, ni la tempête, ni la pluie, — mais plénitude. Il se suffit de lui-même. Tout le goût du Passé se concrète un jour, une heure, un moment. Alors l'antiquité déborde et l'instant crève. La vie même, la très précieuse et très affairée vie, se suspend à son passage. On n'espère plus ; on ne désire plus ; on ne peut crier de joie : mais, de toutes les bouches de l'esprit on aspire et l'on gonfle de lui.

Cette ode au Passé ne peut donc être ancienne : il faut bien qu'elle date d'aujourd'hui. —

Odes, 1926, Mercure de France.

Me revêtir de ton architecture ; devenir l'un de tes vaisseaux...
    (Jadis j'habitai des cathédrales,
Priant de plaisir ou de pleurs, endossant la voûte en berceau.
    Verrier des lumières abyssales,
Je me faisais le grand logis recouvrant la foule en ferveur,
    J'étais Notre-Dame-des-Rumeurs.)
— Thibet pieux ! médiéval, ô jaillissant de la prière,
    Pays qui se renverse en arrière
Ainsi qu'un regard révulsé ou des sourcils peints à rehaut
    Visage fuyant de bas en haut :
Encorbellement à rebours ! Embrasure trapézoïde :
    Fenêtre plongeant sur le solide !
Château bâti pour résister en sa logique inclinaison :
    Seigneur ! Notre-Seigneur-de-Raison !
Ce n'est plus pilier maçonné, ni pilastre ni mascarade
    Ni cœur appareillé d'oraison :
Toute la masse qui s'en vient contrebuter à ta façade :
    Un mont, seul, épaule ta maison.

Thibet, Mercure de France.

VALERY LARBAUD (1881-1957)

Né en 1881 dans une famille fortunée, Valery Larbaud mena une vie placée sous le double signe de l'aisance et du voyage. Dès cinq ans, il accompagne sa mère à Genève et dans les stations thermales à la mode. Durant son adolescence, sa santé fragile le conduit dans de multiples villes (Vichy, Nice), en Provence, en Italie..., alors qu'il reçoit une formation très complète, parachevée au lycée Henri-IV et à la Sorbonne. Il a très tôt été initié à la poésie et publie son premier recueil, d'inspiration parnassienne, à quinze ans ; mais son œuvre poétique véritable ne prend corps qu'avec le double littéraire qu'il s'invente, A.O. Barnabooth, dont il publie les *Poèmes* en 1908 avant de les reprendre en 1913 sous le titre de *A.O. Barnabooth, ses œuvres complètes*. Le recueil frappe alors par la simplicité du ton, le refus de la rhétorique, et par le développement d'un lyrisme moderne qui annonçait Apollinaire et Cendrars. Il abandonne ensuite son œuvre poétique pour se consacrer à la traduction (*Ulysse*, de Joyce), à des essais littéraires qui feront connaître au public français de nombreux auteurs de langue anglaise et espagnole. Ami de la plupart des grands écrivains, il occupe une place de premier plan dans la littérature française, à laquelle il donne des œuvres majeures *(Fermina Marquez ; Journal intime)*. Aphasique depuis de longues années à la suite d'un accident cérébral, il meurt le 2 février 1957 à Vichy.

Par sa situation historique comme par son inspiration, l'œuvre poétique de Larbaud semble opérer la transition entre Claudel et Apollinaire ; du premier il prolonge le goût cosmopolite, et adapte son verset pour en faire une forme souple et ondulante, modelée par une conscience voyageuse ; du second, il anticipe l'avidité de sensations, la rapidité d'écriture qui capte les métamorphoses surprenantes du monde moderne. Son œuvre poétique a le charme d'un album de voyages tenu par un dilettante nonchalant et jouisseur ; le goût du départ s'y teinte d'un soupçon de nostalgie ; la trivialité même du monde y paraît désirable, grâce à une écriture faussement prosaïque et rythmée de sensations.

Principaux recueils : *Les Portiques* (1896) ; *A.O. Barnabooth, ses œuvres complètes* (1913).

A consulter : Bernard Delvaille, *Essai sur Valery Larbaud,* Seghers, coll. « Poètes d'aujourd'hui », 1963 ; Frida Weissman, *L'Exotisme de Valery Larbaud,* Nizet, 1966.

L'ANCIENNE GARE DE CAHORS

Voyageuse ! ô cosmopolite ! à présent
Désaffectée, rangée, retirée des affaires.
Un peu en retrait de la voie,
Vieille et rose au milieu des miracles du matin,
Avec ta marquise inutile
Tu étends au soleil des collines ton quai vide
(Ce quai qu'autrefois balayait
La robe d'air tourbillonnant des grands express)
Ton quai silencieux au bord d'une prairie,
Avec les portes toujours fermées de tes salles d'attente,
Dont la chaleur de l'été craquèle les volets...
Ô gare qui as vu tant d'adieux,
Tant de départs et tant de retours,
Gare, ô double porte ouverte sur l'immensité charmante
De la Terre, où quelque part doit se trouver la joie de Dieu
Comme une chose inattendue, éblouissante ;
Désormais tu reposes et tu goûtes les saisons
Qui reviennent portant la brise ou le soleil, et tes pierres
Connaissent l'éclair froid des lézards ; et le chatouillement
Des doigts légers du vent dans l'herbe où sont les rails
Rouges et rugueux de rouille,
Est ton seul visiteur.
L'ébranlement des trains ne te caresse plus :
Ils passent loin de toi sans s'arrêter sur ta pelouse,
Et te laissent à ta paix bucolique, ô gare enfin tranquille
Au cœur frais de la France.

> *A.O. Barnabooth, ses œuvres complètes,* 1913,
> Gallimard.

ODE[1]

Prête-moi ton grand bruit, ta grande allure si douce,
Ton glissement nocturne à travers l'Europe illuminée,
O train de luxe ! et l'angoissante musique
Qui bruit le long de tes couloirs de cuir doré,

1. Poème inspiré par le voyage de Valery Larbaud vers la Russie, en 1898.

Tandis que derrière les portes laquées, aux loquets de cui-
   vre lourd,
Dorment les millionnaires.
Je parcours en chantonnant tes couloirs
Et je suis ta course vers Vienne et Budapesth,
Mêlant ma voix à tes cent mille voix,
O Harmonika-Zug[2] !

J'ai senti pour la première fois toute la douceur de vivre,
Dans une cabine du Nord-Express, entre Wirballen et
   Pskow[3].
On glissait à travers des prairies où des bergers,
Au pied de groupes de grands arbres pareils à des collines,
Étaient vêtus de peaux de moutons crues et sales...
(Huit heures du matin en automne, et la belle cantatrice
Aux yeux violets chantait dans la cabine à côté.)
Et vous, grandes places à travers lesquelles j'ai vu passer la
   Sibérie et les monts du Samnium[4],
La Castille âpre et sans fleurs, et la mer de Marmara[5] sous
   une pluie tiède !

Prêtez-moi, ô Orient-Express, Sud-Brenner-Bahn[6], prêtez-
   moi
Vos miraculeux bruits sourds et
Vos vibrantes voix de chanterelle ;
Prêtez-moi la respiration légère et facile
Des locomotives hautes et minces, aux mouvements
Si aisés, les locomotives des rapides,
Précédant sans effort quatre wagons jaunes à lettres d'or
Dans les solitudes montagnardes de la Serbie,
Et, plus loin, à travers la Bulgarie pleine de roses...

Ah ! il faut que ces bruits et que ce mouvement
Entrent dans mes poèmes et disent
Pour moi ma vie indicible, ma vie
D'enfant qui ne veut rien savoir, sinon
Espérer éternellement des choses vagues.

A.O. Barnabooth, ses œuvres complètes, 1913,
Gallimard.

2. *Zug* : train, en allemand. — 3. Ville d'U.R.S.S., sur la Velikaï. — 4. Région centrale et montagneuse de l'Italie ancienne. — 5. Petite mer intérieure qui communique avec la mer Égée et la mer Noire. — 6. *Bahn* : ligne de chemin de fer, en allemand.

JULES ROMAINS (1885-1972)

De son vrai nom Louis Farigoule, il naît le 26 août 1885 et passe son enfance et son adolescence dans le quartier de Montmartre à Paris. Après des études au lycée Condorcet, il est reçu au concours d'entrée à l'École normale supérieure en 1904. Ayant déjà obtenu sa licence de lettres, il y entrera pour deux ans dans la section des sciences. Agrégé de philosophie en 1909, il occupe divers postes dans des lycées de province avant d'abandonner l'enseignement au bout de dix ans. Tôt conscient de sa vocation d'écrivain, il a publié *La Vie unanime* dès 1908, à une époque où il s'était lié avec le groupe de l'Abbaye. *Les Copains* paraissent en 1913. Mais c'est à partir de 1920 qu'il s'impose, comme dramaturge. Directeur de l'École du Vieux-Colombier de 1921 à 1923, il donne à la scène, la même année, *Monsieur le Trouhadec saisi par la débauche* et *Knock ou le triomphe de la médecine.* Il ne cessera alors de gagner un vaste public, autant comme militant de la paix — en 1916, après avoir été mobilisé puis réformé, il a milité pour la survie et l'unité de l'Europe —, que comme créateur fécond : à la scène (*Le Mariage de Monsieur le Trouhadec,* 1926 ; *Volpone,* 1929), en poésie (*Ode gênoise,* 1925), comme romancier *(Psyché).* La grande fresque historique et humanitaire des *Hommes de bonne volonté* paraîtra en vingt-sept tomes, de 1932 à 1946. Cette même année, il est reçu à l'Académie française, après six ans passés en Amérique. Les responsabilités qu'il assume, la figure morale qu'il incarne l'amènent à faire de nombreux voyages dans le monde ; des études et souvenirs constituent l'essentiel de ses dernières publications. Il meurt le 14 août 1972.

La stature de l'homme social engagé dans son temps, l'importance massive de sa création romanesque, le sens de la farce et du canular qui a fait le succès de son théâtre : autant d'aspects qui ont occulté le versant poétique de l'œuvre de Jules Romains qui a lui-même, il est vrai, délaissé progressivement l'art des vers. Pourtant, ses premiers grands recueils, de *La Vie unanime* (1908) à *Odes et Prières* (1913), avaient révélé avec beaucoup d'éclat les courants profonds d'une époque et la vigueur d'une sensibilité originale. Dans une préface de 1925, Jules Romains a défini *La Vie unanime* comme le « livre d'un enfant parisien, qui s'était baigné dans

Paris », attentif aux bruits, aux couleurs, aux mouvements, rece-
vant « mille communications secrètes qu'il enfermait en son
cœur », et que ces messages complices « mettaient dans une espèce
de lucidité médiumnique ». Ainsi est né ce « chant de confiance au
Nous éternel », célébration d'une âme collective dont chaque
conscience particulière est comme un point de cristallisation. La
« vie unanime », cette « intuition d'un être vaste et élémentaire,
dont la rue, les voitures et les passants formaient le corps et dont
lui-même, en ce moment privilégié, pouvait se dire la conscience »
(Georges Chennevière), est faite d'un même courant qui circule
entre le « moi » et le « nous », d'une même vibration harmonique
qui transforme l'humanité en un grand organisme, vivant et
magnifique, un dieu réel qu'il n'est nul besoin d'aller chercher ailleurs comme motif de ferveur. Jules Romains donnait de la sorte
une expression littéraire éclatante à la sensibilité des « poètes de
l'Abbaye », qu'il fréquentait à la même époque ; il rejoignait aussi
sans le savoir les recherches contemporaines de sociologie, marquées par les travaux de Durkheim. Sans postérité véritable, sa
tentative poétique est aussi singulière par son audace : par le
recours à des expressions proches de la prose comme par le travail
du rythme, elle milite en elle-même pour un renouvellement de
l'écriture poétique ; par son oscillation continue entre l'épopée et
le lyrisme, entre la glorification des forces de la matière et la célébration de l'énergie spirituelle, elle trouve son équilibre au bord
d'une démesure qui n'est pas sans faire songer, parfois, à Hugo.

Principaux recueils : *La Vie unanime* (1908) ; *Un Être en marche* (1910) ; *Odes et prières* (1913) ; *Amour couleur de Paris*
(1921).

A consulter : Jules Romains et Georges Chennevière, *Petit traité
de versification* (1923) ; André Figueras, *Jules Romains,* Seghers,
coll. « Poètes d'aujourd'hui », 1952 ; André Bourin et Jules
Romains, *Connaissance de Jules Romains,* Flammarion, 1961.

Le présent vibre.

En haut du boulevard le crépuscule humain
Se cristallise en arc électrique. Un bruit mince
Frétille. Le courant, qui s'acharne à passer
Et s'accroche au buisson des molécules, saigne.
Les frissons de l'éther partent en trépignant.
La foule du trottoir a repris confiance.
L'ombre appelait les cœurs et les menait danser
Sur des airs de chansons alanguis ou obscènes,
Loin, dans la solitude et dans le souvenir.
Or, la lumière trace une piste de cirque ;
Les rythmes un instant y tournent, subjugués ;
Les âmes qu'on cachait tantôt, on les dégaine
Pour tremper leurs tranchants parallèles et nus
Dans la clarté.

       Mais, au fond des corps, les cellules
Sentent de merveilleux effluves onduler
Vers elles. L'arc, crépitant de fougue solaire,
Darde en chacune le désir d'être un héros.
Des rayons qu'on ne voit pas vibrent, clairons rauques.
L'unité de la chair commence de craquer ;
Les globules captifs ragent comme des guêpes
Dans une toile d'araignée, et l'air est plein
De liberté que nouent de nouvelles étreintes.
La lueur aide un arbre à vouloir le printemps.
Dans les chairs, les cerveaux pensent moins ; et les
       branches
Souhaitent moins une âme, et tâchent de grandir.
L'esprit cède sa force à l'influx électrique.
La rue est résolue à jouir, tout à coup.
Au coin des carrefours il se caille des couples ;
Les germes bougent. Des hommes vont s'attabler
Aux tavernes en petits groupes circulaires.
La foule rêve d'être un village au soleil.

La Vie unanime, 1908, Gallimard.

Tandis que des quartiers se boursouflent et font
Sous la brume qui tombe avant la fin du jour,
Partir, en un soudain épanouissement
De leur centre qu'un feu par le dedans tourmente,
Vers ce qui souffre seul dans les derniers faubourgs,
Plusieurs bourrelets mous qui grossissent, qui roulent,
Qui noient de glu le tas avant de les dissoudre,
Qui cerclent peu à peu de leur anneau plus grand
Plus de chair, étirant les groupes reployés,
Pressant les carrefours et les rassemblements,
La rue en marche et la famille qui se chauffe,
Pour qu'ils deviennent tous une ceinture accrue
Autour de l'âme en bloc qui se pense au milieu,
Et que jusqu'aux remparts la ville soit un dieu ;
Puisse un large remous naître dans le lointain,
Dans les corps les plus las des maisons mal fermées
Qui frissonnent au bout d'exsangues avenues,
Et puisse-t-il se rétrécir de plus en plus,
Avec les lents reculs d'une eau qui s'évapore,
Abandonner une âme, une autre, une autre encore,
Et si frileusement essayer de mourir
Qu'il ne soit plus, à l'heure où cette nuit commence,
Que moi-même étendu qui tremble sur mon lit.

Odes et Prières, 1913, Gallimard.

BLAISE CENDRARS (1887-1961)

Sa vie fut une aventure au plein sens du terme. Né le 1er septembre 1887 d'un père suisse et d'une mère écossaise, Frédéric Sauser, qui devait signer du pseudonyme de Blaise Cendrars, abandonne ses études à seize ans, se rend en train à Moscou, parcourt la Chine et la Perse. On le trouve à Saint-Pétersbourg, à Prague, à Bratislava, exerçant les métiers les plus divers et accompagné de lourdes caisses chargées de livres. Revenu en France en 1907, il fréquente les milieux littéraires, repart à Bruxelles et à Londres, retourne en Russie en 1909, puis à New York, où il compose son premier grand poème, *Les Pâques à New York*. Revenu à Paris, il publie *La Prose du Transsibérien et de la petite Jeanne de France,* et se lie avec Apollinaire, qu'il influence. Grièvement blessé en 1915, il est amputé d'un bras. Après la guerre, on le retrouve en Amérique du Sud, en Afrique noire ; il travaille pour le cinéma avec Abel Gance. Son œuvre poétique cède progressivement la place à des romans (*L'Or,* 1925 ; *Rhum,* 1930 ; *L'Homme foudroyé,* 1945). Il meurt à Paris le 21 janvier 1961.

Après les tentatives d'exotisme poétique de Claudel et Segalen, le cosmopolitisme littéraire a trouvé en Blaise Cendrars son véritable fondateur : son inspiration se nourrit « du monde entier », dans une avidité de regard et d'expérience qui semble n'avoir pas de fin. La poésie de Cendrars, qui veut épouser la « prose » du monde dans une euphorie renouvelée de sensations et d'émotions transcrites à l'état brut, entraîne dans son mouvement une écriture cursive, rythmée et kaléidoscopique, qui sait jouer de la surprise, des ruptures de ton, d'un pathétique et d'un humour toujours chargés de sympathie.

Principaux recueils : *Du Monde entier* (1919) ; *Dix-neuf poèmes élastiques* (1919) ; *Au Cœur du monde* (1919).

A consulter : Louis Parrot, *Blaise Cendrars,* Seghers, 1971, coll. « Poètes d'aujourd'hui » ; Jacqueline Chadourne, *Blaise Cendrars, poète du cosmos,* Seghers, 1973 ; Miriam Cendrars, *Blaise Cendrars,* Balland, 1984.

PROSE DU TRANSSIBÉRIEN
ET DE LA
PETITE JEANNE DE FRANCE

[...] Le ciel est comme la tente déchirée d'un cirque pauvre
   dans un petit village de pêcheurs
En Flandres
Le soleil est un fumeux quinquet
Et tout au haut d'un trapèze une femme fait la lune.
La clarinette le piston une flûte aigre et un mauvais
   tambour
Et voici mon berceau
Mon berceau
Il était toujours près du piano quand ma mère comme
   Madame Bovary jouait les sonates de Beethoven
J'ai passé mon enfance dans les jardins suspendus de
   Babylone
Et l'école buissonnière, dans les gares devant les trains en
   partance
Maintenant, j'ai fait courir tous les trains derrière moi
Bâle-Tombouctou
J'ai aussi joué aux courses à Auteuil et à Longchamp
Paris-New York
Maintenant, j'ai fait courir tous les trains tout le long de
   ma vie
Madrid-Stockholm
Et j'ai perdu tous mes paris
Il n'y a plus que la Patagonie, la Patagonie, qui convienne
   à mon immense tristesse, la Patagonie, et un voyage
   dans les mers du Sud
Je suis en route
J'ai toujours été en route
Je suis en route avec la petite Jehanne de France
Le train fait un saut périlleux et retombe sur toutes ses
   roues
Le train retombe sur ses roues
Le train retombe sur toutes ses roues

« Blaise, dis, sommes-nous bien loin de Montmartre ? »

Nous sommes loin, Jeanne, tu roules depuis sept jours
Tu es loin de Montmartre, de la Butte qui t'a nourrie du
    Sacré-Cœur contre lequel tu t'es blottie
Paris a disparu et son énorme flambée
Il n'y a plus que les cendres continues
La pluie qui tombe
La tourbe qui se gonfle
La Sibérie qui tourne
Les lourdes nappes de neige qui remontent
Et le grelot de la folie qui grelotte comme un dernier désir
    dans l'air bleu
Le train palpite au cœur des horizons plombés
Et ton chagrin ricane...

« Dis, Blaise, sommes-nous bien loin de Montmartre ? »

Les inquiétudes
Oublie les inquiétudes
Toutes les gares lézardées obliques sur la route
Les fils télégraphiques auxquels elles pendent
Les poteaux grimaçants qui gesticulent et les étranglent
Le monde s'étire s'allonge et se retire comme un accordéon
    qu'une main sadique tourmente
Dans les déchirures du ciel, les locomotives en furie
S'enfuient
Et dans les trous,
Les roues vertigineuses les bouches les voix
Et les chiens du malheur qui aboient à nos trousses
Les démons sont déchaînés
Ferrailles
Tout est un faux accord
Le *broun-roun-roun* des roues
Chocs
Rebondissements
Nous sommes un orage sous le crâne d'un sourd...]...]

Du Monde entier, 1919, Denoël.

LE VENTRE DE MA MÈRE

C'est mon premier domicile
Il était tout arrondi
Bien souvent je m'imagine
Ce que je pouvais bien être...

Les pieds sur ton cœur maman
Les genoux tout contre ton foie
Les mains crispées au canal
Qui aboutissait à ton ventre

Le dos tordu en spirale
Les oreilles pleines les yeux vides
Tout recroquevillé tendu
La tête presque hors de ton corps

Mon crâne à ton orifice
Je jouis de ta santé
De la chaleur de ton sang
Des étreintes de papa

Bien souvent un feu hybride
Électrisait mes ténèbres
Un choc au crâne me détendait
Et je ruais sur ton cœur

Le grand muscle de ton vagin
Se resserrait alors durement
Je me laissais douloureusement faire
Et tu m'inondais de ton sang

Mon front est encore bosselé
De ces bourrades de mon père
Pourquoi faut-il se laisser faire
Ainsi à moitié étranglé ?

Si j'avais pu ouvrir la bouche
Je t'aurais mordu
Si j'avais pu déjà parler
J'aurais dit :

Merde, je ne veux pas vivre !

Paru en 1922 ; *Œuvres complètes,* Denoël.

GUILLAUME APOLLINAIRE
(1880-1918)

Guillaume de Kostrowitzky, qui signera du pseudonyme de Guillaume Apollinaire à partir de 1902, naît à Rome le 26 août 1880 ; sa mère est une jeune Polonaise émigrée. Études à Monaco, puis à Nice. Installation à Paris en 1899. En 1901 et 1902, Guillaume, engagé comme précepteur de français, séjourne en Rhénanie, parcourt l'Allemagne, l'Autriche et une partie de l'Europe centrale ; il se pénètre des paysages et de la culture germaniques, s'éprend d'Annie Playden, jeune gouvernante anglaise. De retour à Paris, il collabore à plusieurs revues, rencontre Picasso et Max Jacob, devient critique d'art. Il fonde des revues : *Le Festin d'Ésope* en 1903, *Les Soirées de Paris* en 1912, année où il se sépare de Marie Laurencin, rencontrée en 1907. « La Chanson du Mal-aimé » paraît en 1909, les poèmes du *Bestiaire* en 1911, *Alcools* en 1913. Il s'engage en 1914 dans l'artillerie, s'éprend de Lou (Louise de Coligny-Châtillon) puis de Madeleine Pagès. Blessé à la tête et trépané en 1916, il revient à Paris où son activité littéraire est intense. En 1917, il fait paraître *Vitam impendere amori*, et prononce une conférence sur « l'esprit nouveau ». En 1918 paraît *Calligrammes* ; il épouse le 2 mai Jacqueline Kolb, la « jolie rousse », et meurt le 9 novembre d'une grippe infectieuse.

Mort prématurément à trente-huit ans, Apollinaire est un poète animé par un sentiment aigu et multiple du temps. Son admiration émerveillée du monde lui fait accueillir le présent comme un don ; mais son esprit nostalgique est aussi hanté par le passé dont les résurgences tissent une sensibilité toujours à vif ; symétriquement, il est requis par l'émotion intense d'un futur en gestation, dont l'homme est l'artisan autant que le spectateur enchanté. Entre la recherche et le rejet du passé, entre la tentation du bilan et l'exaltation prophétique, son œuvre révèle un être pris au piège du temps, mais tenté de l'« habiter » dans toutes ses dimensions. C'est pourquoi se mêlent l'euphorie et l'inquiétude, la modernité la plus triviale et la réactivation de traditions lointaines. « La grande force est le désir », écrit Apollinaire dans *Calligrammes*. L'amour occupe donc une place essentielle dans son œuvre, de l'élégie attendrie à l'érotisme le plus cru. L'image du feu en est une des métaphores privilégiées par son ambivalence : à la fois pouvoir de destruction et puissance d'instauration. C'est avec la publication de

Calligrammes que la poétique d'Apollinaire s'oriente résolument vers des voies nouvelles. Hors des influences du symbolisme, du naturisme, de l'unanimisme et des fantaisistes, le poète en vient à définir un « esprit nouveau », en lutte « pour le rétablissement de l'esprit d'initiative, pour la claire compréhension de son temps et pour ouvrir des vues nouvelles sur l'univers extérieur et intérieur » (conférence du 26 novembre 1917). Attentif aux nouveaux moyens d'expression de son époque (le phonographe, le cinéma), ami des peintres cubistes — dont il transpose parfois dans ses textes l'art de la juxtaposition —, il inaugure avec détermination une esthétique moderne, fondée sur une attention aiguë au monde. Avec lui la conscience poétique n'est plus seulement à l'écoute des profondeurs du moi ; elle est aussi accueil et réceptivité à tout ce qui advient, et se nourrit d'une curiosité avide de surprise. C'est pourquoi l'activité poétique, tout comme le fait même de vivre, ne va pas chez Apollinaire sans une certaine ébriété (cf. le titre *Alcools*), que suscite une écriture qui procède volontiers par éclair, illumination soudaine, et ruptures : ruptures de ton, audaces rythmiques, alliances de termes incongrus à la rime, « collages » de discours hétérogènes, font du travail du poète une aventure où nul souci de théorisation véritable ne vient brider la sensibilité.

Recueils : *Le bestiaire* ou *Cortège d'Orphée* (1911) ; *Alcools* (1913) ; *Vitam impendere amori* (1917) ; *Calligrammes* (1918).

A consulter : Daniel Oster, *Guillaume Apollinaire,* Seghers, 1975, coll. « Poètes d'aujourd'hui » ; Pascal Pia, *Apollinaire par lui-même,* éd. du Seuil, 1954, coll. « Écrivains de toujours » ; Marie-Jeanne Durry, *Guillaume Apollinaire,* « *Alcools* », S.E.D.E.S., 1977 ; Raymond Jean, *Lectures du désir,* éd. du Seuil, 1977.

LA PUCE

Puces, amis, amantes même,
Qu'ils sont cruels ceux qui nous aiment !
Tout notre sang coule pour eux.
Les bien-aimés sont malheureux.

Le Bestiaire, 1911, Gallimard.

LE PONT MIRABEAU

Sous le pont Mirabeau coule la Seine
　　　Et nos amours
　　Faut-il qu'il m'en souvienne
La joie venait toujours après la peine

　　Vienne la nuit sonne l'heure
　　Les jours s'en vont je demeure

Les mains dans les mains restons face à face
　　　Tandis que sous
　　Le pont de nos bras passe
Des éternels regards l'onde si lasse

　　Vienne la nuit sonne l'heure
　　Les jours s'en vont je demeure

L'amour s'en va comme cette eau courante
　　　L'amour s'en va
　　Comme la vie est lente
Et comme l'Espérance est violente

　　Vienne la nuit sonne l'heure
　　Les jours s'en vont je demeure

Passent les jours et passent les semaines
　　　Ni temps passé
　　Ni les amours reviennent
Sous le pont Mirabeau coule la Seine

　　Vienne la nuit sonne l'heure
　　Les jours s'en vont je demeure

Alcools, 1913, Gallimard.

LES COLCHIQUES

Le pré est vénéneux mais joli en automne
Les vaches y paissant
Lentement s'empoisonnent
Le colchique couleur de cerne et de lilas
Y fleurit tes yeux sont comme cette fleur-là
Violâtres comme leur cerne et comme cet automne
Et ma vie pour tes yeux lentement s'empoisonne

Les enfants de l'école viennent avec fracas
Vêtus de hoquetons et jouant de l'harmonica
Ils cueillent les colchiques qui sont comme des mères
Filles de leurs filles et sont couleur de tes paupières
Qui battent comme les fleurs battent au vent dément

Le gardien du troupeau chante tout doucement
Tandis que lentes et meuglant les vaches abandonnent
Pour toujours ce grand pré mal fleuri par l'automne

Alcools, 1913, Gallimard.

NUIT RHÉNANE

Mon verre est plein d'un vin trembleur comme une flamme
Écoutez la chanson lente d'un batelier
Qui raconte avoir vu sous la lune sept femmes
Tordre leurs cheveux verts et longs jusqu'à leurs pieds

Debout chantez plus haut en dansant une ronde
Que je n'entende plus le chant du batelier
Et mettez près de moi toutes les filles blondes
Au regard immobile aux nattes repliées

Le Rhin le Rhin est ivre où les vignes se mirent
Tout l'or des nuits tombe en tremblant s'y refléter
La voix chante toujours à en râle-mourir
Ces fées aux cheveux verts qui incantent l'été

Mon verre s'est brisé comme un éclat de rire

Alcools, 1913, Gallimard.

MAI

Le mai le joli mai en barque sur le Rhin
Des dames regardaient du haut de la montagne
Vous êtes si jolies mais la barque s'éloigne
Qui donc a fait pleurer les saules riverains

Or des vergers fleuris se figeaient en arrière
Les pétales tombés des cerisiers de mai
Sont les ongles de celle que j'ai tant aimée
Les pétales flétris sont comme ses paupières

Sur le chemin du bord du fleuve lentement
Un ours un singe un chien menés par des tziganes
Suivaient une roulotte traînée par un âne
Tandis que s'éloignait dans les vignes rhénanes
Sur un fifre lointain un air de régiment

Le mai le joli mai a paré les ruines
De lierre de vigne vierge et de rosiers
Le vent du Rhin secoue sur le bord les osiers
Et les roseaux jaseurs et les fleurs nues des vignes

Alcools, 1913, Gallimard.

LIENS

Cordes faites de cris

Sons de cloches à travers l'Europe
Siècles pendus

Rails qui ligotez les nations
Nous ne sommes que deux ou trois hommes
Libres de tous liens
Donnons-nous la main

Violente pluie qui peigne les fumées
Cordes
Cordes tissées
Câbles sous-marins
Tours de Babel changées en ponts
Araignées-Pontifes
Tous les amoureux qu'un seul lien a liés

D'autres liens plus ténus
Blancs rayons de lumière
Cordes et Concorde

J'écris seulement pour vous exalter
Ô sens ô sens chéris
Ennemis du souvenir
Ennemis du désir

Ennemis du regret
Ennemis des larmes
Ennemis de tout ce que j'aime encore

Calligrammes, 1918, Gallimard.

LA JOLIE ROUSSE

Me voici devant tous un homme plein de sens
Connaissant la vie et de la mort ce qu'un vivant peut
    connaître
Ayant éprouvé les douleurs et les joies de l'amour
Ayant su quelquefois imposer ses idées
Connaissant plusieurs langages
Ayant pas mal voyagé
Ayant vu la guerre dans l'Artillerie et l'Infanterie
Blessé à la tête trépané sous le chloroforme
Ayant perdu ses meilleurs amis dans l'effroyable lutte
Je sais d'ancien et de nouveau autant qu'un homme seul
    pourrait des deux savoir
Et sans m'inquiéter aujourd'hui de cette guerre
Entre nous et pour nous mes amis
Je juge cette longue querelle de la tradition et de l'invention
        De l'Ordre et de l'Aventure

Vous dont la bouche est faite à l'image de celle de Dieu
Bouche qui est l'ordre même
Soyez indulgents quand vous nous comparez
A ceux qui furent la perfection de l'ordre
Nous qui quêtons partout l'aventure

Nous ne sommes pas vos ennemis
Nous voulons vous donner de vastes et d'étranges
    domaines
Où le mystère en fleurs s'offre à qui veut le cueillir
Il y a là des feux nouveaux des couleurs jamais vues
Mille phantasmes impondérables
Auxquels il faut donner de la réalité
Nous voulons explorer la bonté contrée énorme où tout se
    tait
Il y a aussi le temps qu'on peut chasser ou faire revenir
Pitié pour nous qui combattons toujours aux frontières
De l'illimité et de l'avenir
Pitié pour nos erreurs pitié pour nos péchés

Voici que vient l'été la saison violente
Et ma jeunesse est morte ainsi que le printemps
Ô Soleil c'est le temps de la Raison ardente
        Et j'attends
Pour la suivre toujours la forme noble et douce
Qu'elle prend afin que je l'aime seulement
Elle vient et m'attire ainsi qu'un fer l'aimant
        Elle a l'aspect charmant
        D'une adorable rousse

Ses cheveux sont d'or on dirait
Un bel éclair qui durerait
Ou ces flammes qui se pavanent
Dans les roses-thé qui se fanent

Mais riez riez de moi
Hommes de partout surtout gens d'ici
Car il y a tant de choses que je n'ose vous dire
Tant de choses que vous ne me laisseriez pas dire
Ayez pitié de moi

Calligrammes, 1918, Gallimard.

CŒUR COURONNE ET MIROIR

MON CŒUR PAREIL À UNE FLAMME RENVERSÉE

LES ROIS QUI MEURENT TOUR À TOUR RENAISSENT AU CŒUR DES POÈTES

DANS CE MIROIR JE SUIS ENCLOS VIVANT ET VRAI COMME ON IMAGINE LES ANGES ET NON COMME SONT LES REFLETS

Guillaume Apollinaire

Calligrammes, 1918, Gallimard.

JULES SUPERVIELLE (1884-1960)

Il naît le 16 janvier 1884 à Montevideo (Uruguay), comme, avant lui, Isidore Ducasse, *alias* Lautréamont, et Jules Laforgue. Ses parents, d'origine française, y dirigeaient la banque qu'ils avaient fondée ; ils meurent accidentellement, lors d'un retour en France, alors que leur enfant n'a que huit mois. Élevé en Amérique du Sud par un oncle et une tante qu'il prend pour ses père et mère, Jules Supervielle n'apprendra la vérité qu'à neuf ans. Revenu en France en 1894, il entre au lycée Jeanson-de-Sailly et, après son baccalauréat, entreprend des études de lettres et de droit. Il écrit des poèmes depuis 1899, et revient périodiquement en Amérique du Sud, où il épouse, en 1907, Pilar Saavedra, qui lui donnera six enfants. Après la Première Guerre mondiale, il mène boulevard Lannes une vie sans drames ; les revenus de la Banque Supervielle — il retourne tous les quatre ou cinq ans en Uruguay — assurent son existence, et lui laissent la possibilité de développer son œuvre littéraire qui s'oriente principalement vers la poésie (le premier grand recueil, *Débarcadères,* paraît en 1922), mais touche aussi au « mythe » (*L'enfant de la haute mer,* 1929) et au théâtre (*La Belle-au-bois,* 1932 ; *Bolivar,* 1936). Ses poèmes avaient été tôt remarqués par Gide, Valéry et Jacques Rivière ; il se lie avec Jean Paulhan, Michaux, Étiemble, et devient une figure marquante de la vie littéraire française. Surpris en Uruguay par la déclaration de guerre, il y publie les *Poèmes de la France malheureuse* et y reste jusqu'en 1946. Après son retour en France, sa vie est assombrie par les difficultés de la Banque Supervielle — il devient alors attaché culturel honoraire de l'Uruguay à Paris — et par des ennuis cardiaques (cf. *Le Corps tragique,* paru en 1959). Mais le temps de la consécration est venu : prix des Critiques en 1949, grand prix de littérature de l'Académie française en 1955, il est sacré « Prince des poètes » en 1960, année de sa mort.

Sa naissance française en Uruguay, suivie d'innombrables voyages entre la France et l'Amérique du Sud, a fait de Supervielle un poète de l'espace, comme le laissent paraître, dans ses premiers grands recueils, des images exaltées portées par un rythme poétique ample. De ses longs voyages maritimes entre deux continents, le poète a hérité un « cœur astrologue » *(Gravitations)*, qui le rend familier des présences les plus lointaines de l'univers. Mais l'ambivalence culturelle de Supervielle fut aussi vécue comme un déchirement, d'autant qu'est venue s'y greffer la mort de ses parents : le voyageur se découvre un « hors-venu » *(Les Amis inconnus)*, au moi multiple et incertain. Pris dans d'innombrables reflets qui sont autant de « figures » *(ibid.)* substituables les unes aux autres, il s'appréhende dans une dialectique toujours réversible de la reconnaissance et de l'étrangeté. Un tel vertige d'identité explique le caractère égocentré de cette poésie, jamais narcissique cependant dans la mesure où le retour sur soi est le plus souvent l'occasion d'une interrogation angoissée, et d'une inquiétude qui porte aussi bien sur la réalité du monde : désireux de « saisir » *(Le Forçat innocent)* le réel, le poète ne capte que des présences fugitives, d'autant plus fragiles que ne se dessine derrière elles aucun au-delà ; l'absence est constitutive du monde, « Le jeu reste complet / Mais toujours mutilé » *(Les Amis inconnus)*. Le domaine de Supervielle est celui d'un merveilleux quotidien, tantôt angoissant et tantôt rassurant, proche souvent de l'hésitation fantastique ; aussi éloigné de l'étonnement parfois funambulesque d'un Cocteau que de la quête orphique et du sens tragique d'un André Breton, Supervielle se veut seulement à l'écoute de ce qui survient — paraît et disparaît —, trop grave pour seulement jouer avec le mystère, trop modeste pour fonder sur son appréhension un quelconque savoir. C'est pourquoi son écriture poétique revendique explicitement une certaine forme d'« imperfection » : « On peut dire [...] qu'une poésie vulnérable comme la mienne touche d'autant plus qu'elle est imparfaite, je veux dire humaine » (lettre à Étiemble, 7 juin 1954). Sa poétique est donc faite d'une retenue commandée par un souci d'authenticité. Parce que « nos certitudes les plus intimes, les plus nourricières sont aussi les plus vulnérables sur le plan dialectique » (« Pensées »), l'image est rarement développée — même lorsqu'elle est proche de certaines audaces surréalistes —, le registre de langue est commun, et l'écriture tente souvent de retrouver la simplicité de l'expression orale ; c'est aussi que, à l'inverse de beaucoup de poètes du XXe siècle, Supervielle ne cherche pas à condenser l'émotion poétique en quelques éclats scintillants qui permettraient une reprise en compte et une réorganisation de l'existence par les mots ; il soumet plutôt le poème à l'expérience sensible, accepte qu'il ne soit parfois qu'un récit, une « fable du monde » où la dérive onirique épouse le flux de la conscience et capte une vérité d'autant plus précieuse qu'elle reste incertaine.

Principaux recueils : *Comme des voiliers* (1910) ; *Débarcadères* (1922) ; *Gravitations* (1925) ; *Le Forçat innocent* (1930) ; *Les Amis inconnus* (1934) ; *La Fable du monde* (1938) ; *Oublieuse mémoire* (1949) ; *Le Corps tragique* (1959).

A consulter : Claude Roy, *Supervielle*, Seghers, coll. « Poètes d'aujourd'hui », 1949 ; Étiemble, *Supervielle,* Gallimard, coll. « Pour une bibliothèque idéale », 1960.

LE PORTRAIT

Mère, je sais très mal comme l'on cherche les morts,
Je m'égare dans mon âme, ses visages escarpés,
Ses ronces et ses regards.
Aide-moi à revenir
De mes horizons qu'aspirent des lèvres vertigineuses,
Aide-moi à être immobile,
Tant de gestes nous séparent, tant de lévriers cruels !
Que je penche sur la source où se forme ton silence
Dans un reflet de feuillage que ton âme fait trembler.
Ah ! sur ta photographie
Je ne puis pas même voir de quel côté souffle ton regard.
Nous nous en allons pourtant, ton portrait avec moi-
    même,
Si condamnés l'un à l'autre
Que notre pas est semblable
Dans ce pays clandestin
Où nul ne passe que nous.
Nous montons bizarrement les côtes et les montagnes
Et jouons dans les descentes comme des blessés sans mains.
Un cierge coule chaque nuit, gicle à la face de l'aurore,
L'aurore qui tous les jours sort des draps lourds de la mort,
A demi asphyxiée,
Tardant à se reconnaître.

Je te parle durement, ma mère ;
Je parle durement aux morts parce qu'il faut leur parler
    dur,
Debout sur des toits glissants,
Les deux mains en porte-voix et sur un ton courroucé,
Pour dominer le silence assourdissant
Qui voudrait nous séparer, nous les morts et les vivants.
J'ai de toi quelques bijoux comme des fragments de l'hiver
Qui descendent les rivières,
Ce bracelet fut de toi qui brille en la nuit d'un coffre
En cette nuit écrasée où le croissant de la lune
Tente en vain de se lever
Et recommence toujours, prisonnier de l'impossible.

J'ai été toi si fortement, moi qui le suis si faiblement,
Et si rivés tous les deux que nous eussions dû mourir
    ensemble
Comme deux matelots mi-noyés, s'empêchant l'un l'autre
    de nager,
Se donnant des coups de pied dans les profondeurs de
    l'Atlantique
Où commencent les poissons aveugles
Et les horizons verticaux.

Parce que tu as été moi
Je puis regarder un jardin sans penser à autre chose,
Choisir parmi mes regards,
M'en aller à ma rencontre.
Peut-être reste-il encore
Un ongle de tes mains parmi les ongles de mes mains,
Un de tes cils mêlé aux miens ;
Un de tes battements s'égare-t-il parmi les battements de
    mon cœur,
Je le reconnais entre tous
Et je sais le retenir.

Mais ton cœur bat-il encore ? Tu n'as plus besoin de cœur,
Tu vis séparée de toi comme si tu étais ta propre sœur,
Ma morte de vingt-huit ans,
Me regardant de trois quarts,
Avec l'âme en équilibre et pleine de retenue.
Tu portes la même robe que rien n'usera plus,

Elle est entrée dans l'éternité avec beaucoup de douceur
Et change parfois de couleur, mais je suis seul à savoir.

Cigales de cuivre, lions de bronze, vipères d'argile,
C'est ici que rien ne respire !
Le souffle de mon mensonge
Est seul à vivre alentour.
Et voici à mon poignet
Le pouls minéral des morts,
Celui-là que l'on entend si l'on approche le corps
Des strates du cimetière.

Gravitations, 1925, Gallimard.

LE NUAGE

Il fut un temps où les ombres
A leur place véritable
N'obscurcissaient pas mes fables.
Mon cœur donnait sa lumière.

Mes yeux comprenaient la chaise de paille,
La table de bois,
Et mes mains ne rêvaient pas
Par la faute des dix doigts.

Écoute-moi, Capitaine de mon enfance,
Faisons comme avant,
Montons à bord de ma première barque
Qui passait la mer quand j'avais dix ans.

Elle ne prend pas l'eau du songe
Et sent sûrement le goudron,
Écoute, ce n'est plus que dans mes souvenirs
Que le bois est encor le bois, et le fer, dur,

Depuis longtemps, Capitaine,
Tout m'est nuage et j'en meurs.

Les Amis inconnus, 1934, Gallimard.

Attendre que la Nuit, toujours reconnaissable
A sa grande altitude où n'atteint pas le vent,
 Mais le malheur des hommes,
Vienne allumer ses feux intimes et tremblants
Et dépose sans bruit ses barques de pêcheurs,
Ses lanternes de bord que le ciel a bercées,
Ses filets étoilés dans notre âme élargie,
Attendre qu'elle trouve en nous sa confidente
Grâce à mille reflets et secrets mouvements
Et qu'elle nous attire à ses mains de fourrure,
Nous les enfants perdus maltraités par le jour
 Et la grande lumière,
Ramassés par la Nuit poreuse et pénétrante,
Plus sûre qu'un lit sûr sous un toit familier,
C'est l'abri murmurant qui nous tient compagnie,
C'est la couche où poser la tête qui déjà
 Commence à graviter,
A s'étoiler en nous, à trouver son chemin.

     Les Amis inconnus, 1934, Gallimard.

Ce bruit de la mer où nous sommes tous,
Il le connaît bien, l'arbre à chevelure,
Et le cheval noir y met l'encolure
Allongeant le cou comme pour l'eau douce,
Comme s'il voulait quitter cette dune,
Devenir au loin cheval fabuleux
Et se mélanger aux moutons d'écume,
A cette toison faite pour les yeux,
Etre enfin le fils de cette eau marine,
Brouter l'algue au fond de la profondeur.
Mais il faut savoir attendre au rivage,
Se promettre encore aux vagues du large,
Mettre son espoir dans la mort certaine,
Baisser de nouveau la tête dans l'herbe.

     1939-1945, 1946, Gallimard.

PIERRE JEAN JOUVE (1887-1976)

Pierre Jean Jouve passe ses premières années à Arras, où il est né. Influencé par sa mère musicienne, il ressent très tôt une vocation artistique. Son adolescence est marquée par des ennuis de santé, une liaison amoureuse passionnée mais sans espoir, et par sa découverte des grands poètes français du XIXᵉ siècle. Installé à Paris à partir de 1909, il fonde une petite revue où se manifeste l'esprit du symbolisme finissant, tandis qu'il est lui-même influencé par l'unanimisme, qui inspire ses premiers recueils. Soigné en Suisse pendant la guerre à la suite d'infections, il y rencontre Romain Rolland, au contact de qui il prend conscience du désir religieux qui l'habite ; il se convertit en 1924, deux ans après avoir épousé la psychanalyste Blanche Reverchon. Son inspiration s'en trouvera totalement renouvelée ; il se voue alors à la méditation, à la prière, et se consacre entièrement à la littérature : sa vie se confond avec son œuvre, où les recueils de poèmes voisinent avec les traductions (Shakespeare, Hölderlin...), les essais critiques (portant en particulier sur la musique), et les romans (*Paulina 1880,* 1926 ; *Hécate,* 1928). Il meurt à Paris en 1976.

L'histoire poétique de Pierre Jean Jouve est celle d'une conversion ; il renie brusquement en 1925 ses vers antérieurs marqués par l'unanimisme, et fonde avec *Les Noces* un projet poétique à la fois proche et éloigné des surréalistes. Comme eux, il veut atteindre les zones profondes de l'inconscient, convaincu que l'homme est « un abîme douloureux, fermé, mais presque ouvert, une colonie de forces insatiables, rarement heureuses, qui se remuent en rond comme des crabes avec lourdeur et esprit de défense » (avant-propos de *Sueur de sang*). Mais il ne croit ni à l'automatisme ni à la jonglerie verbale ; en vue d'une double finalité introspective et religieuse, la poésie se fait avec lui exploration consciente des fonds de l'inconscient. D'où une écriture souvent massive et dense, qui procède par agrégats de symboles, et qui peut gêner le lecteur par le sentiment d'une concentration trop grande des moyens poétiques, d'une habileté trop sûre à disposer des réseaux savants d'images. Mais la maîtrise et l'art n'étouffent pas la richesse d'un univers poétique baigné de mysticisme et de sensualité ; le désir de la spiritualité la plus haute et la remontée des pulsions élémentaires de l'existence y déterminent une écriture dont la tonalité reste singulière. Pierre Jean Jouve compose par son œuvre poétique « les Mémoires d'une âme », comme Hugo l'écrivait de ses *Contempla-*

tions ; mais la poésie n'y est ni rédemptrice ni consolante ; elle interroge le mystère de la vie, prend en charge ses contradictions, rend présentes par ses images les forces contraires de la violence et du désir.

Principaux recueils : *Toscanes* (1921) ; *Les Noces* (1931) ; *Sueur de sang* (1933) ; *Matière céleste* (1937) ; *Gloire* (1940) ; *Diadème* (1949) ; *Mélodrame* (1957) ; *Moire* (1962).

A consulter : René Micha, *Pierre-Jean Jouve,* Seghers, coll. « Poètes d'aujourd'hui », 1971 ; Daniel Leuwers, *Jouve avant Jouve, ou la Naissance d'un poète,* Klincksieck, 1984.

NATURE

Superbe nature ! Un monde entier de routes
Ruisseaux et rochers
Objets volumineux
De beaux grains de la peau et d'huileux mouvements
Par exemple ceux du bassin d'arrière en avant
De rire et de sommeil
Forme qui sort et rentre
Et de sève et de ramure horizontale avec le vent ;
Double coque des seins et plantation marine
Sous les bras, hanche gonflée par l'eau, frappée
D'un poids trop lourd de sensualité
Les omoplates faisant pitié comme des pierres
Mouillées, elle se lave
Et l'eau refaisant le brillant du ciel, la poudre épaisse
Du paysage de rondeur revient et c'est le monde
De nouveau les beaux grains de la peau et le sommeil
S'il bouge sur les lombes le pays rosé
Voit la puissance du vent sec avec les songes
De tous les côtés se produire ;
Les charnelles montagnes maigrissant le soir
Sur les longueurs d'un plateau religieux,
Aux gorges les brumes tuent la brise égarée.
Puis la grandeur de toute la masse rhabillée,
Et plus tard un nouveau changement survenu
Et sous la lune...

Les Noces, 1931, Mercure de France.

VRAI CORPS

Salut vrai corps de dieu. Salut Resplendissant
Corps de la chair engagé par la tombe et qui naît
Corps, ô Ruisselant de bontés et de chairs
Salut corps tout de jour !
Divinité aux très larges épaules
Enfantine et marchante, salut toute beauté,
Aux boucles, aux épines
Inouï corps très dur de la miséricorde,
Salut vrai corps de dieu éblouissant aux larmes
Qui renaît, salut vrai corps de l'homme
Enfanté du triple esprit par la charité.

Témoin des lieux insensés de mon cœur
Tu es né d'une vierge absolue et tu es né
Parce que Dieu avait posé les mains sur sa poitrine,
Et tu es né
Homme de nerfs et de douleur et de semence
Pour marcher sur la magnifique dalle de chagrin
Et ton flanc mort fut percé pour la preuve
Et jaillit sur l'obscur et extérieur nuage
Du sang avec de l'eau.

Sur le flanc la lèvre s'ouvre en méditant
Lèvre de la plaie mâle, et c'est la lèvre aussi
De la fille commune
Dont les cheveux nous éblouissent de long amour ;
Elle baise les pieds
Verdâtres, décomposés comme la rose
Trop dévorée par la chaleur amoureuse du ciel d'en haut,
Et sur elle jaillit, sur l'extérieur nuage
Du sang avec de l'eau car tu étais né.

Lorsque couchés sur le lit tiède de la mort
Tous les bijoux ôtés avec les œuvres
Tous les paysages décomposés
Tous les ciels noirs et tous les livres brûlés
Enfin nous approcherons avec majesté de nous-même,
Quand nous rejetterons les fleurs finales
Et les étoiles seront expliquées parmi notre âme,

Souris alors et donne un sourire de ton corps
Permets que nous te goûtions d'abord le jour de la mort
Qui est un grand jour de calme d'épousés,
Le monde heureux, les fils réconciliés.

Les Noces, 1931, Mercure de France.

UNE SEULE FEMME ENDORMIE

Par un temps humide et profond tu étais plus belle
Par une pluie désespérée tu étais plus chaude
Par un jour de désert tu me semblais plus humide
Quand les arbres sont dans l'aquarium du temps
Quand la mauvaise colère du monde est dans les cœurs
Quand le malheur est las de tonner sur les feuilles
Tu étais douce
Douce comme les dents de l'ivoire des morts
Et pure comme le caillot de sang
Qui sortait en riant des lèvres de ton âme

Par un temps humide et profond le monde est plus noir
Par un jour de désert le cœur est plus humide.

Matière céleste, 1937, Mercure de France.

SAINT-JOHN PERSE (1887-1975)

Marie-René Alexis Saint-Leger Leger, qui signera du pseudonyme de Saint-John Perse à partir de 1924, naît le 31 mai 1887 à la Guadeloupe. En 1889, la famille s'installe en France, à Pau. Il rencontre Francis Jammes, et Paul Claudel auquel le liera une longue amitié. Il achève à Bordeaux des études de droit et publie en 1910 ses premiers poèmes dans la *Nouvelle Revue française*. *Éloges* paraît en 1911. En 1914 il est reçu au concours des Affaires étrangères et suit le gouvernement à Bordeaux. 1916-1921 : en poste en Chine, il écrit *Anabase*, qui paraîtra en 1925. Directeur de cabinet d'Aristide Briand à partir de 1925, nommé ambassadeur et secrétaire général sous le ministère Daladier, il négocie le pacte franco-soviétique. Malgré son désaccord avec la politique française d'attentisme, il participe à la conférence de Munich. En 1940, révoqué pour « bellicisme » au moment de l'armistice, il séjourne à Londres et s'embarque pour les États-Unis, où il apprendra que le gouvernement de Vichy l'a déchu de la nationalité française et a confisqué ses biens. *Exil* paraît en 1942. Réintégré dans le service diplomatique français en 1944, il obtient en 1949 le statut de résident permanent aux États-Unis. Il revient en France en 1957, l'année de la parution d'*Amers*. Il partagera dès lors son temps entre la presqu'île de Giens, où une maison lui a été offerte, et les États-Unis. 1960 : il reçoit le prix Nobel de littérature. 1972 : ses *Œuvres complètes* paraissent dans la « Bibliothèque de la Pléiade ». Il meurt le 24 septembre 1975.

Diplomate, poète voyageur et cosmopolite, Saint-John Perse veut étreindre le réel dans toutes ses dimensions, temporelles, spatiales, cosmiques, humaines et surhumaines. S'il fait sa place à l'exil, à la séparation, c'est pour mieux en retour se vouer à la glorification de ce qui est. Poète d'un monde total où l'errance active le désir d'une conquête fondatrice, il construit son œuvre comme une épopée cosmologique ; les éléments premiers du monde y sont convoqués et célébrés par une écriture qui emprunte aux traditions antiques de la poésie et du drame son allure de rituel et de processionnal. Invocation, célébration, énumération, récitation alternent dans un verset d'une grande souplesse, dont le rythme souvent ample dit à la fois la totalité et la quête, la plénitude et le manque.

Le mouvement organique qui anime les textes est en effet celui du désir : il projette la rêverie du poète vers l'être aimé, vers le monde ou vers le lecteur, dans un rituel païen d'hommage, d'éloge ou d'offrande. Le lyrisme déborde dès lors le champ limité d'un moi exclusif pour aborder aux rivages d'une conscience universelle : le mystère et la beauté du monde renvoient aux mystères de l'être, dans une unité dont le poète est le garant : « par son adhésion totale à ce qui est, le poète tient pour nous liaison avec la permanence et l'unité de l'être » *(Discours de Stockholm)*. Un tel projet suppose une confiance entière dans le langage qui, par la nomination, authentifie l'existence du monde et y inscrit la présence de l'homme. Le goût pour le mot rare, la variété et la précision du vocabulaire, le recours incessant aux substantifs définissent une poétique non de l'évocation mais de l'invocation : il s'agit de faire advenir le réel par la voix, de le convoquer par la richesse du langage ; les répétitions, reprises, modulations sémantiques, phonétiques et rythmiques, tissent le réseau serré du texte poétique, associant dans un même organisme vivant la pulpe des mots et le souffle du discours. Ainsi le poème célèbre-t-il la double épiphanie du monde et du langage, dans une invitation permanente à vivre : « A la question toujours posée : "Pourquoi écrivez-vous ?" la réponse du poète sera toujours la plus brève : "Pour mieux vivre" » *(Œuvres complètes)*.

Principaux recueils : *Éloges* (1911) ; *Anabase* (1924) ; *Exil* (1942) ; *Vents* (1946) ; *Amers* (1957) ; *Oiseaux* (1962).

A consulter : Alain Bosquet, *Saint-John Perse,* Seghers, 1961, coll. « Poètes d'aujourd'hui » ; Roger Caillois, *Poétique de Saint-John Perse,* Gallimard, éd. revue 1972 ; Michèle Aquien, *Saint-John Perse, l'être et le nom,* Champ Vallon, coll. « Champ poétique », 1985.

LE MUR

Le pan de mur est en face, pour conjurer le cercle de ton rêve.

Mais l'image pousse son cri.

La tête contre une oreille du fauteuil gras, tu éprouves tes dents avec ta langue : le goût des graisses et des sauces infecte tes gencives.

Et tu songes aux nuées pures sur ton île, quand l'aube verte s'élucide au sein des eaux mystérieuses.

...C'est la sueur des sèves en exil, le suint amer des plantes à siliques[1], l'âcre insinuation des mangliers[2] charnus et l'acide bonheur d'une substance noire dans les gousses.

C'est le miel fauve des fourmis dans les galeries de l'arbre mort.

C'est un goût de fruit vert, dont surit l'aube que tu bois ; l'air laiteux enrichi du sel des alizés...

Joie ! ô joie déliée dans les hauteurs du ciel ! Les toiles pures resplendissent, les parvis invisibles sont semés d'herbages et les vertes délices du sol se peignent au siècle d'un long jour...

Éloges, 1911, Gallimard.

Aux pays fréquentés sont les plus grands silences, aux pays fréquentés de criquets à midi.

Je marche, vous marchez dans un pays de hautes pentes à mélisses, où l'on met à sécher la lessive des Grands.

Nous enjambons la robe de la Reine, toute en dentelle avec deux bandes de couleur bise (ah ! que l'acide corps de femme sait tacher une robe à l'endroit de l'aisselle !).

Nous enjambons la robe de Sa fille, toute en dentelle avec deux bandes de couleur vive (ah ! que la langue du lézard sait cueillir les fourmis à l'endroit de l'aisselle !).

Et peut-être le jour ne s'écoule-t-il point qu'un même homme n'ait brûlé pour une femme et pour sa fille.

Rire savant des morts, qu'on nous pèle ces fruits !... Eh quoi ! n'est-il plus grâce au monde sous la rose sauvage ?

---

1. Fruits secs allongés, bivalves. — 2. Espèce de palétuviers.

Il vient, de ce côté du monde, un grand mal violet sur les
eaux. Le vent se lève. Vent de mer. Et la lessive
part ! comme un prêtre mis en pièces...

Anabase, 1924, Gallimard.

...C'étaient de très grands vents sur la terre des hommes
— de très grands vents à l'œuvre parmi nous,
    Qui nous chantaient l'horreur de vivre, et nous chan-
taient l'honneur de vivre, ah ! nous chantaient et nous
chantaient au plus haut faîte du péril,
    Et sur les flûtes sauvages du malheur nous conduisaient,
hommes nouveaux, à nos façons nouvelles.

    C'étaient de très grandes forces au travail, sur la chaus-
sée des hommes — de très grandes forces à la peine
    Qui nous tenaient hors de coutume et nous tenaient hors
de saison, parmi les hommes coutumiers, parmi les hommes saisonniers,
    Et sur la pierre sauvage du malheur nous restituaient la
terre vendangée pour de nouvelles épousailles.

    Et de ce même mouvement de grandes houles en crois-
sance, qui nous prenaient un soir à telles houles de haute
terre, à telles houles de haute mer,
    Et nous haussaient, hommes nouveaux, au plus haut
faîte de l'instant, elles nous versaient un soir à telles rives,
nous laissant,
    Et la terre avec nous, et la feuille, et le glaive — et le
monde où frayait une abeille nouvelle...

    Ainsi du même mouvement le nageur, au revers de sa
nage, quêtant la double nouveauté du ciel, soudain tâte du
pied l'ourlet des sables immobiles,
    Et le mouvement encore l'habite et le propage, qui n'est
plus que mémoire — murmure et souffle de grandeur à
l'hélice de l'être,
    Et les malversations de l'âme sous la chair longtemps le
tiennent hors d'haleine — un homme encore dans la
mémoire du vent, un homme encore épris du vent, comme
d'un vin...

Comme un homme qui a bu à une cruche de terre blanche : et l'attachement encore est à sa lèvre

Et la vésication de l'âme sur sa langue comme une intempérie,

Le goût poreux de l'âme, sur sa langue, comme une piastre d'argile...

Ô vous que rafraîchit l'orage, la force vive et l'idée neuve rafraîchiront votre couche de vivants, l'odeur fétide du malheur n'infectera plus le linge de vos femmes.

Repris aux dieux votre visage, au feu des forges votre éclat, vous entendrez, et l'An qui passe, l'acclamation des choses à renaître sur les débris d'élytres, de coquilles.

Et vous pouvez remettre au feu les grandes lames couleur de foie sous l'huile. Nous en ferons fers de labour, nous connaîtrons encore la terre ouverte pour l'amour, la terre mouvante, sous l'amour, d'un mouvement plus grave que la poix.

Chante, douceur, à la dernière palpitation du soir et de la brise, comme un apaisement de bêtes exaucées.

Et c'est la fin ce soir du très grand vent. La nuit s'évente à d'autres cimes. Et la terre au lointain nous raconte ses mers.

Les dieux, pris de boisson, s'égarent-ils encore sur la terre des hommes ? Et nos grands thèmes de nativité seront-ils discutés chez les doctes ?

Des Messagers encore s'en iront aux filles de la terre, et leur feront encore des filles à vêtir pour le délice du poète.

Et nos poèmes encore s'en iront sur la route des hommes, portant semence et fruit dans la lignée des hommes d'un autre âge —

Une race nouvelle parmi les hommes de ma race, une race nouvelle parmi les filles de ma race, et mon cri de vivant sur la chaussée des hommes, de proche en proche, et d'homme en homme,

Jusqu'aux rives lointaines où déserte la mort !...

Vents, 1946, Gallimard.

« ...Amour, amour, qui tiens si haut le cri de ma naissance, qu'il est de mer en marche vers l'Amante ! Vigne foulée sur toutes grèves, bienfait d'écume en toute chair, et chant de bulles sur les sables... Hommage, hommage à la Vivacité divine !

« Toi, l'homme avide, me dévêts : maître plus calme qu'à son bord le maître du navire. Et tant de toile se défait, il n'est plus femme qu'agréée. S'ouvre l'Été, qui vit de mer. Et mon cœur t'ouvre femme plus fraîche que l'eau verte : semence et sève de douceur, l'acide avec le lait mêlé, le sel avec le sang très vif, et l'or et l'iode, et la saveur aussi du cuivre et son principe d'amertume — toute la mer en moi portée comme dans l'urne maternelle...

« Et sur la grève de mon corps l'homme né de mer s'est allongé. Qu'il rafraîchisse son visage à même la source sous les sables ; et se réjouisse sur mon aire, comme le dieu tatoué de fougère mâle... Mon amour, as-tu soif ? Je suis femme à tes lèvres plus neuve que la soif. Et mon visage entre tes mains comme aux mains fraîches du naufrage, ah ! qu'il te soit dans la nuit chaude fraîcheur d'amande et saveur d'aube, et connaissance première du fruit sur la rive étrangère.

« J'ai rêvé, l'autre soir, d'îles plus vertes que le songe... Et les navigateurs descendent au rivage en quête d'une eau bleue ; ils voient — c'est le reflux — le lit refait des sables ruisselants : la mer arborescente y laisse, s'enlisant, ces pures empreintes capillaires, comme de grandes palmes suppliciées, de grandes filles extasiées qu'elle couche en larmes dans leur pagnes et dans leurs tresses dénouées.

« Et ce sont là figurations du songe. Mais toi l'homme au front droit, couché dans la réalité du songe, tu bois à même la bouche ronde, et sais son revêtement punique : chair de grenade et cœur d'oponce[1], figue d'Afrique et fruit d'Asie... Fruits de la femme, ô mon amour, sont plus que fruits de mer : de moi non peinte ni parée, reçois les arrhes de l'Été de mer... »

Amers, 1957, Gallimard.

---

1. Nom générique donné à des plantes grasses à rameaux épineux et aplatis.

• La poésie moderne

« Fidèle à son office, qui est l'approfondissement même du mystère de l'homme, la poésie moderne s'engage dans une entreprise dont la poursuite intéresse la pleine intégration de l'homme. Il n'est rien de pythique dans une telle poésie. Rien non plus de purement esthétique. Elle n'est point art d'embaumeur ni de décorateur. Elle n'élève point des perles de culture, ne trafique point de simulacres ni d'emblèmes, et d'aucune fête musicale elle ne saurait se contenter. Elle s'allie, dans ses voies, la beauté, suprême alliance, mais n'en fait point sa fin ni sa seule pâture. Se refusant à dissocier l'art de la vie, ni de l'amour la connaissance, elle est action, elle est passion, elle est puissance, et novation toujours qui déplace les bornes. L'amour est son foyer, l'insoumission sa loi, et son lieu est partout, dans l'anticipation. Elle ne se veut ni absence ni refus. »

Discours de Stockholm, Gallimard.

• Sur *Amers*

« J'ai voulu exalter, dans toute son ardeur et sa fierté, le drame de cette condition humaine, ou plutôt de cette *marche* humaine, que l'on se plaît aujourd'hui à ravaler et diminuer jusqu'à vouloir la priver de toute signification, de tout rattachement suprême aux grandes forces qui nous créent, qui nous empruntent ou qui nous lient. C'est l'intégrité même de l'homme — et de l'homme de tout temps, physique et moral, sous sa vocation de puissance et son goût du divin — que j'ai voulu dresser sur le seuil le plus nu, face à la nuit splendide de son destin en cours. Et c'est la Mer que j'ai choisie, symboliquement, comme miroir offert à ce destin — comme lieu de convergence et de rayonnement : vrai « lieu géométrique » et table d'orientation, en même temps que réservoir de forces éternelles pour l'accomplissement et le dépassement de l'homme, cet insatiable migrateur. »

Note pour un écrivain suédois « Sur la thématique d'*Amers* », Gallimard.

• Pour une étude de « Amour, amour, qui tiens si haut... »

1. L'association de l'amour et de la mer ; la femme, la mer, et la mère : réseaux d'images et correspondances thématiques. Sensualité des évocations : un érotisme des mots et du monde.

2. La célébration d'un monde premier et opulent : universalité de l'espace, renouvellement du temps, réversion des rapports de contenant à contenu, richesse intacte du monde. L'incantation : une poésie de la parole, de la nomination et de la répétition ; le verset, mesure rythmique et unité de sens.

3. L'homologie du poème et du monde, comme ensembles de signes à déchiffrer : thèmes du dévoilement et de l'inscription ; figuration du poète, assimilé à l'amant : « L'homme au front droit, couché dans la réalité du songe. »

JEAN COCTEAU (1889-1963)

Né le 5 juillet 1889 à Maisons-Laffitte, de complexion nerveuse et fragile, Jean Cocteau, qui échouera deux fois au baccalauréat, découvre très tôt le cirque et le théâtre, et ne tarde pas à fréquenter le « monde ». Il publie en 1909 son premier recueil de poèmes et rencontre en 1910 Diaghilev qui dirige à Paris les représentations des Ballets russes ; ceux-ci joueront en 1917 *Parade* (issu d'une collaboration de Picasso, Diaghilev, Cocteau, sur une musique d'Érik Satie), qui fit scandale. Il participe en 1914 aux vols acrobatiques de Roland-Garros (cf. *Le Cap de Bonne-Espérance*), et s'engage deux fois sur le front alors qu'il a été réformé au début de la guerre (cf. *Discours du Grand Sommeil*). Il se lie avec Apollinaire, Max Jacob, Blaise Cendrars, Picasso, et rencontre en 1919 Raymond Radiguet qui mourra quatre ans plus tard, le laissant désespéré. *Le Cap de Bonne-Espérance* paraît en 1919, *Plain-Chant* (inspiré par sa liaison avec Raymond Radiguet) en 1923, *Opéra* en 1927. Les films et les pièces de théâtre vont pour un temps prendre le relais de l'œuvre poétique : *La Machine infernale* (1934), *Les Parents terribles* (1938), sont créés à la scène, alors que l'écran accueille *Le Sang d'un poète* (1930), *La Belle et la Bête* (1946), *Les Parents terribles* (1948), *Orphée* (1950), *Les Enfants terribles* (1950). *Le Testament d'Orphée* (où le poète joue son propre rôle) sortira en 1960, cinq ans après l'élection de Jean Cocteau à l'Académie française. Son activité s'oriente de plus en plus vers le dessin, la peinture, la mosaïque. Un an après la publication du *Requiem*, Jean Cocteau meurt, le 11 octobre 1963, à Milly-la-Forêt.

Par-delà la légende mondaine qui l'a accompagnée, et les relents de scandale qui l'ont parfois entourée, l'œuvre de Jean Cocteau présente une profonde unité, à travers les multiples domaines où elle s'est exercée. La *poésie* en constitue le dénominateur commun. Le poète est pour Cocteau celui qui « décalque/L'invisible » *(Opéra)* ; sur le papier « piste blanche/où l'homme peut toréer avec le mystère » *(Discours du Grand Sommeil),* il guette, à l'affût, l'envers enchanté ou angoissant de l'existence. Car tout est double : la mort est l'autre face de la vie, dont elle compose la trame, de même que le ciel est invitation aux rêveries de vol, à l'exercice d'une liberté qui compenserait la lourdeur de la prison terrestre ; le moi du poète, double lui aussi, dialogue avec la figure récurrente de *l'ange*, où il peut reconnaître tour à tour son mauvais génie, son « démon » poétique, l'autre de lui-même, plus lucide ou plus désespéré, comme une conscience dédoublée, rayonnante et mortelle, gage d'éternité et de précarité. L'exercice de la poésie se confond dès lors avec l'art des frontières : la fantaisie, le jeu, le rêve permettent au poète de se placer sur la ligne de crête du réel entrouvert. Loin de tout esprit de sérieux qui en pervertirait le principe, l'onirisme de Jean Cocteau s'apparente davantage à un compagnonnage avec le merveilleux qu'à une quête orphique : le poète est un « architecte toujours taquinant le vide » *(Discours du Grand Sommeil)*, et la conscience de cette inanité donne à son travail la légèreté d'une esquisse : l'écriture de Cocteau relève de l'art du trait — dessin et mouvement ; la sensation fuse, l'image ne cristallise et n'arrête pas le sens, mais ébauche un déplacement ; les mots, souvent, se disposent en gerbe, comme un feu d'artifice : lumineux, intenses, mais instantanés car nés d'une vie si brève qu'elle porte en elle la promesse de sa mort.

Principaux recueils : *La Lampe d'Aladin* (1909) ; *Le Cap de Bonne-Espérance* (1919) ; *Vocabulaire* (1922) ; *Plain-Chant* (1923) ; *Opéra* (1927) ; *Le Requiem* (1962).

A consulter : Roger Lannes, *Jean Cocteau,* Seghers, 1969, coll. « Poètes d'aujourd'hui » ; Claude Mauriac, *Jean Cocteau ou la Vérité du mensonge,* O. Lieuter, 1945 ; Jacques Brosse, *Cocteau,* Gallimard, coll. « Pour une bibliothèque idéale », 1970.

[...] Acrobate
mime parfait
je vous   admire

marchant sur nos pieds
nos bras
libres pour le geste quelconque
mais vous
sur vos mains

lentement
la jambe utile s'interrompt
juste où il faut
gerbe exacte

L'épaule seule ayant connu le joug
                          respire
                          libre

et nul
mieux que toi la fugue Igor[1]
nul
mieux que Picasso l'anatomie
nul mieux que moi l'arithmétique
alexandrine

Marche

Ne te retourne pas

Ton passé flambe

Tu deviendrais
une chose de sucre
une statue
de sucre
assise   Marche   écrase

Hercule assassin de colombes
Tropmann[2] [...]

Le Cap de Bonne-Espérance, 1919, Gallimard.

---

1. *Igor* Stravinski, qui avait composé de la musique pour les ballets russes. — 2. Jean-Baptiste *Troppmann* (Cocteau ne met qu'un *p*), né en 1849, assassin qui défraya la chronique de son temps et fut guillotiné le 18 janvier 1870.

Je n'aime pas dormir quand ta figure habite,
La nuit, contre mon cou ;
Car je pense à la mort laquelle vient si vite
Nous endormir beaucoup.

Je mourrai, tu vivras et c'est ce qui m'éveille !
Est-il une autre peur ?
Un jour ne plus entendre auprès de mon oreille
Ton haleine et ton cœur.

Quoi, ce timide oiseau, replié par le songe
Déserterait son nid,
Son nid d'où notre corps à deux têtes s'allonge
Par quatre pieds fini.

Puisse durer toujours une si grande joie
Qui cesse le matin,
Et dont l'ange chargé de construire ma voie
Allège mon destin.

Léger, je suis léger sous cette tête lourde
Qui semble de mon bloc,
Et reste en mon abri, muette, aveugle, sourde,
Malgré le chant du coq.

Cette tête coupée, allée en d'autres mondes,
Où règne une autre loi,
Plongeant dans le sommeil des racines profondes
Loin de moi, près de moi.

Ah ! je voudrais, gardant ton profil sur ma gorge,
Par ta bouche qui dort
Entendre de tes seins la délicate forge
Souffler jusqu'à ma mort.

Plain-Chant, 1923, Gallimard.

Ange Heurtebise, en robe d'eau
Mon ange aimé, la grâce
Me fait mal. J'ai mal
A Dieu, il me torture.
En moi le démon est tortue, animal
Jadis mélodieux. Arrive
Sors de l'agate
Dure fumée, ô vitesse qui tue.
Sur tes patins de diamant raye
Le miroir des malades.
Les murs
Les murs
Ont des oreilles
Et les miroirs
Des yeux d'amant.

L'Ange Heurtebise, 1926, Stock.

Accidents du mystère et fautes de calculs
Célestes, j'ai profité d'eux, je l'avoue.
Toute ma poésie est là : Je décalque
L'invisible (invisible à vous).
J'ai dit : « Inutile de crier, haut les mains ! »
Au crime déguisé en costume inhumain ;
J'ai donné le contour à des charmes informes ;
Des ruses de la mort la trahison m'informe ;
J'ai fait voir, en versant mon encre bleue en eux,
Des fantômes soudain devenus arbres bleus.

Dire que l'entreprise est simple ou sans danger
Serait fou. Déranger les anges !
Découvrir le hasard apprenant à tricher
Et des statues en train d'essayer de marcher.
Sur le belvédère des villes que l'on voit
Vides, et d'où l'on ne distingue plus que les voix
Des coqs, les écoles, les trompes d'automobile,
(Ces bruits étant les seuls qui montent d'une ville)
J'ai entendu descendre des faubourgs du ciel,
Étonnantes rumeurs, cris d'une autre Marseille.

Opéra, 1927, Stock.

PIERRE REVERDY (1889-1960)

Il naît à Narbonne le 13 septembre 1889, dans une famille dont plusieurs proches ancêtres avaient été sculpteurs sur pierre et sur bois. Il fut sans doute fortement impressionné par le spectacle des grèves de vignerons et de la répression qui suivit en Languedoc, en 1905-1907. Arrivé à Paris en 1910, il rencontre Apollinaire, Max Jacob, Juan Gris, Braque, Picasso, et s'installe dans le quartier des peintres, près du « Bateau-Lavoir », en 1913. Exempté de service, il s'engage cependant en 1914 avant d'être réformé en 1916. L'année suivante il fonde la revue *Nord-Sud*. Il rassemble tous les poèmes des recueils qu'il a publiés dans *Les Épaves du ciel*, en 1924, et, deux ans plus tard, « choisit librement Dieu » ; il s'installe alors définitivement auprès de la célèbre abbaye bénédictine de Solesmes, où il restera même après avoir perdu la foi. Il fera de « vagues déplacements » en Italie, en Espagne, en Grèce et en Suisse, et continuera son œuvre dans la solitude, loin de la vie littéraire parisienne. Il meurt le 17 juin 1960 à Solesmes, où il est enterré.

« Je préfère la mort l'oubli la dignité / Je suis si loin quand je compte tout ce que j'aime » *(Le Chant des morts)* : ce qui définit le mieux Pierre Reverdy est peut-être cette solitude, ontologique avant d'être affective ou sociale, qu'il revendique hautement comme corollaire et condition d'une recherche d'absolu. André Breton louait le « détachement exemplaire » *(Le Point du jour)* de celui qui fut l'un des grands inspirateurs des surréalistes — ne serait-ce que par la définition qu'il proposa de l'image poétique : « L'image est une création pure de l'esprit. Elle ne peut naître d'une comparaison mais du rapprochement de deux réalités plus ou moins éloignées. Plus les rapports des deux réalités rapprochées seront lointains et justes, plus l'image sera forte — plus elle aura de puissance émotive et de réalité poétique » (*Nord-Sud,* mars 1918). Avec les surréalistes, Reverdy a aussi partagé le sentiment que la poésie est d'abord dans la vie : dès *Flaques de verre* (1929), il disait ne plus la voir qu'« entre les lignes » ; dans une lettre de 1948 il en fera « une forme flamboyante de la vie ». Pourtant il n'a cessé d'imposer à son écriture les exigences de rigueur, de maîtrise, et de la soumettre aux contraintes de la « justesse ». C'est qu'il n'y a pas de poésie sans travail de l'esprit, activité lucide de la conscience affrontée à un monde décevant ; la vie manque en effet, désespérément, par toutes les limitations qu'elle oppose à l'infini désir de l'homme. Dès lors la poésie est « le seul moyen de combler l'abîme qui bâille entre les choses qui existent » (préface à *Souspente* d'Antoine Tudal, 1945), elle est « le bouche-abîme du réel désiré qui manque » *(En vrac)*. C'est pourquoi cette œuvre, qui serait mystique si elle ne traduisait, malgré tout, une confiance en le langage, est habitée par un sentiment vertigineux du vide. Le poème se construit avec ces manques ; les marges, comme les « blancs » ménagés par la typographie, sont les points de rupture de la parole, les lieux où celle-ci s'absente d'elle-même et avoue son impuissance. L'écriture y gagne la qualité incisive d'un « trait » qui grave le réel, mais aussi le découpe et, entre cette présence et cette absence dont il est la ligne de partage, le transmue en une vibration tendue, en un ébranlement harmonique de la sensibilité.

Principaux recueils : *Les Ardoises du toit* (1918) ; *Sources du vent* (1929) ; *Ferraille* (1937) ; *Plupart du temps* (1945) ; *Le Chant des morts* (1948) ; *Liberté des mers* (1960).

A consulter : Pierre Reverdy, *Cette Émotion appelée poésie* (recueil de textes sur la poésie), Flammarion, 1974 ; Jean Rousselot et Michel Manoll, *Pierre Reverdy,* Seghers, coll. « Poètes d'aujourd'hui », 1951, rééd. 1970 ; Jean-Pierre Richard, « Pierre Reverdy », in *Onze Études sur la poésie moderne*, éd. du Seuil, 1964 ; Gérard Bocholier, *Pierre Reverdy, le phare obscur,* Champ Vallon, coll. « Champ poétique », 1984.

> Sur chaque ardoise
> qui glissait du toit
> on
> avait écrit
> un poème

> La gouttière est bordée de diamants
> les oiseaux les boivent

Les Ardoises du toit, 1918, Gallimard.

NOMADE

La porte qui ne s'ouvre pas
La main qui passe
                    Au loin un verre qui se casse
La lampe fume
Les étincelles qui s'allument
                    Le ciel est plus noir
                        Sur les toits

Quelques animaux
Sans leur ombre

                    Un regard
                Une tache sombre

La maison où l'on n'entre pas

Les Ardoises du toit, 1918, Gallimard.

CHEMIN TOURNANT

Il y a un terrible gris de poussière dans le temps
Un vent du sud avec de fortes ailes
Les échos sourds de l'eau dans le soir chavirant
Et dans la nuit mouillée qui jaillit du tournant des voix
    rugueuses qui se plaignent
Un goût de cendre sur la langue
Un bruit d'orgue dans les sentiers
Le navire du cœur qui tangue
Tous les désastres du métier

Quand les feux du désert s'éteignent un à un
Quand les yeux sont mouillés comme des brins d'herbe
Quand la rosée descend les pieds nus sur les feuilles
Le matin à peine levé

Il y a quelqu'un qui cherche
Une adresse perdue dans le chemin caché
Les astres dérouillés et les fleurs dégringolent
A travers les branches cassées
Et le ruisseau obscur essuie ses lèvres molles à peine
    décollées
Quand le pas du marcheur sur le cadran qui compte règle le
    mouvement et pousse l'horizon
Tous les cris sont passés tous les temps se rencontrent
Et moi je marche au ciel les yeux dans les rayons
Il y a du bruit pour rien et des noms dans ma tête
Des visages vivants
                    Tout ce qui s'est passé au monde
Et cette fête
        Où j'ai perdu mon temps

                    Sources du vent, 1929, Mercure de France.

CŒUR A LA ROUE

Pourquoi s'étendre si longtemps dans les plumes de la
    lumière
Pourquoi s'éteindre lentement dans l'épaisseur froide de la
    carrière
Pourquoi courir
Pourquoi pleurer
Pourquoi tendre sa chair sensible et hésitante
A la torture de l'orage avorté

Pas à pas je compterai ma vie rebelle
Mot à mot je lirai cette lettre cruelle
Et sur les épines du soir
Sous les pointes rougies du ciel à pile ou face
Je jetterai mon sort vide dans le fossé
Et les désirs
Et les retours
Et les nœuds trop serrés de la distance
Je laisserai sur le tranchant du vide toutes les croix
Tous les reflets perfides de l'espoir et de la chance

Dans les moindres nuances de la voix qui résonne
Dans les frémissements de ta peau sous le vent
Les plissements de ton visage sous les aiguilles de la lune
Les trous de ton esprit heurté par le danger
Et surtout les émotions cachées qui se dispersent une à une
C'est la mort

Le craquement des fibres dans la nuit
Le bloc taillé dans la chair qui durcit
Cette statue intérieure que moi-même je sculpte
Cette forme abritée qui devient nette et dure
Ce repli dans le cœur qu'on ne verra jamais
Ces lignes dans l'esprit plus clair que tu méprises
Le cristal rigoureux que la passion irise
Le rendez-vous manqué

Rien ne fera d'un pont à l'autre la lumière
Rien ne fera jouer les gonds rouillés de l'épaisse portière

Il suffirait d'un geste à peine dessiné
D'un mouvement de lèvre sans murmure
D'un regard sans intention trop arrêtée
Il suffirait de rien
Mais rien ne suffira
Dans la nuit de velours
Masque du vide

Ferraille, 1937, Mercure de France.

A DOUBLE TOUR

Je suis si loin des voix
Des rumeurs de la fête
Le moulin d'écume tourne à rebours
Le sanglot des sources s'arrête
L'heure a glissé péniblement

Sur les grandes plages de lune
Et dans l'espace tiède étroit sans une faille
Je dors la tête au coude
Sur le désert placide du cercle de la lampe
Temps terrible temps inhumain
Chassé sur les trottoirs de boue
Loin du cirque limpide qui décline des verres
Loin du chant décanté naissant de la paresse
Dans une âpre mêlée de rires entre les dents
Une douleur fanée qui tremble à tes racines
Je préfère la mort l'oubli la dignité
Je suis si loin quand je compte tout ce que j'aime

     Le Chant des morts, 1948, Mercure de France.

TEMPS DE PAIX

Quand la voix du matin chante à chaque portière
Plus claire à chaque coude du refrain
La faux qui trace ses chemins dans la lumière
Les yeux remis à sec
Dans le clair-obscur des pentes du chagrin
Un coup de reins plus sourd
Une main plus agile
Qui tient de la révolte débordant son vaisseau
La voix libre la voix tonnante et métallique qui s'étire
Autour des incendies limpides
Des flammes affamées
Des rafales de joie
Des dentelles de mains dressées dans le délire
Navires démâtés aux océans de peur
Et dans les anses plus serrées où le vent crisse
Une lame de fond brise dans l'épaisseur
Tempête sans ressorts
Furie remise à plat

     Le Chant des morts, 1948, Mercure de France.

• Poésie et absence

« La poésie n'est en rien ni nulle part, c'est pourquoi elle peut être mise en tout et partout. Mais rien ne s'opère sans une véritable transmutation des valeurs. Dans l'impuissance à la saisir, à l'identifier où que ce soit, on a préféré déclarer qu'elle régnait partout et qu'il suffisait de savoir l'y découvrir. Or, il est parfaitement évident qu'elle est plutôt une absence, un manque au cœur de l'homme, et, plus précisément, dans le rapport que le poète a le don de mettre à la place de cette absence, de ce manque. Et il n'y a poésie réelle que là où a été comblé ce vide qui ne pouvait absolument l'être par aucune autre activité ou matière réelle de la vie. »

Cette Émotion appelée poésie, Flammarion.

• Image et transmutation

« Un poème n'est pas exclusivement composé d'images, encore qu'en lui-même il constitue finalement une image complexe, inscrite, une fois établie, comme objet autonome dans la réalité. Mais l'image est, par excellence, le moyen d'appropriation du réel, en vue de le réduire à des proportions pleinement assimilables aux facultés de l'homme. Elle est l'acte magique de transmutation du réel extérieur en réel intérieur, sans lequel l'homme n'aurait jamais pu surmonter l'obstacle inconcevable que la nature dressait devant lui. »

Ibid.

• Pour une étude de « Cœur à la roue »

1. La « roue » du poème : composition circulaire et centralité de la mort. La vie considérée du point de vue de la mort : précision indéfinie des références au monde (« lumière » ; « soir » ; « fossé » ; « distance »…) et à l'homme (« chair » ; « peau » ; « visage »…), qui créent le sentiment d'un universel dépouillement.

2. La vie impossible : le registre de la blessure, du supplice (cf. la « roue ») ; les images du manque, de l'extériorité vide (« masque du vide ») ; l'expression elle-même lacunaire (cf. l'absence de caractérisation pour « désirs » et « retours »). L'extériorité à soi : le dédoublement du *je* en *tu* ; la forme dialogique du poème comme conjuration d'une impuissance à se saisir.

3. Entre l'extroversion et le repli. A l'écoute de l'imperceptible : attirance pour le signe incertain (« nuances » ; « frémissements » ; « plissements »…), le « geste à peine dessiné » qui esquisse une délivrance. Le désir inverse de construction d'une « statue intérieure » qui rejette l'extériorité néfaste (le « sort vide » jeté « dans le fossé »).

4. L'écriture du poème, « pas à pas » : un mot à mot qui épelle, dissocie le réel et entérine la perte, mais qui « compte » aussi, fait la somme et tente de construire un sens : rigidité rhétorique créée par les expressions parallèles, les anaphores, paronomases et assonances. Le rôle de l'image, « cristal rigoureux que la passion irise » : mélange de dureté, de transparence et d'émotion, qui renvoie à la maîtrise de l'esprit, à la souffrance du poète et au vide du monde.

ANDRÉ BRETON (1896-1966)

Né le 18 février 1896 à Tinchebray (Orne), André Breton se passionne pour la littérature et la peinture dès son adolescence ; il entre en relation avec Paul Valéry en 1913 et commence à Paris des études de médecine. Mobilisé en 1915, il est versé dans les services neuropsychiatriques et découvre les travaux de Freud, qu'il rencontrera en 1921. Après deux années où il fréquente Guillaume Apollinaire, il publie *Mont-de-Piété* en 1919 et lance, avec Aragon et Philippe Soupault, la revue *Littérature*. Il participe au mouvement « dada » jusqu'en 1921, mène avec le groupe qui s'est constitué autour de lui des expériences sur le sommeil hypnotique et l'automatisme psychique, avant de publier en 1924 le *Manifeste du surréalisme*. Sa vie va dès lors se confondre avec l'histoire de ce mouvement, dont l'organe est *La Révolution surréaliste*. Il publie *Nadja* en 1928, et, en 1930, le *Second Manifeste du surréalisme*, qui lui permet de réaffirmer ses positions théoriques et son intransigeance en matière politique. La même année, la revue du mouvement devient *Le Surréalisme au service de la Révolution*. En 1930 paraît *L'Immaculée Conception*, écrit en collaboration avec Paul Éluard, et regroupant des essais de simulation de différentes formes d'aliénation mentale. Il publie *Les Vases communicants* en 1932, rompt avec le parti communiste, dont il s'était rapproché, en 1935, et fait paraître *L'Amour fou* en 1937, un an après l'Exposition internationale surréaliste à Londres. Il part aux États-Unis en 1941, publie *Arcane 17* en 1945, et rentre en 1946 en France où il organise, l'année suivante, une Exposition internationale du surréalisme. Les principaux compagnons de route de Breton l'ayant quitté ou ayant été exclus (Desnos en 1929 ; Aragon en 1932 ; Éluard en 1938), le mouvement groupe alors surtout des recrues de fraîche date et organise ses activités autour des revues *Le Surréalisme, même*, et *La Brèche*, fondées respectivement en 1956 et 1961. Dans ses dernières années, Breton intervient à de nombreuses reprises dans des débats engageant la position de l'écrivain dans son temps — il signe en 1960 la « Déclaration sur le droit à l'insoumission dans la guerre d'Algérie ». Il meurt à Paris le 28 septembre 1966.

« Pour moi, l'essentiel est que je n'ai pas transigé avec les trois causes que j'avais embrassées au départ et qui sont la poésie, l'amour et la liberté » : ainsi André Breton appréciait-il, quatre ans avant sa mort, la continuité qui avait organisé son œuvre et sa vie. Si l'amour occupe la place centrale dans cette trilogie, c'est que le désir est pour Breton le « seul ressort du monde » *(L'Amour fou)*, que la femme est pour lui « aimée et célébrée comme la grande promesse, celle qui subsiste après avoir été tenue » (« Du surréalisme en ses œuvres vives », 1953). L'amour construit d'autant mieux sa permanence qu'il est fondé sur la rencontre, dont l'œuvre de Breton ne cesse d'interroger le pouvoir d'illumination, tout en en transposant le principe dans l'ordre du langage : l'« Union libre » est la double célébration du désir qui s'accomplit et des mots qui, entre eux, font l'amour au gré des associations surprenantes. La même loi de nécessité engendrée par la rencontre organise donc l'écriture poétique : si le surréalisme « a pris naissance dans une opération de grande envergure fondée sur le langage » (« Du surréalisme en ses œuvres vives »), c'est pour tenter de capter, entre autres par le biais de l'écriture automatique, ces phrases qui « cogn[ent] à la vitre » et permettent de révéler « le fonctionnement réel de la pensée » *(Manifeste du surréalisme)*. Le parti pris antirationaliste d'une telle démarche est évident et explicite : contre le verrouillage de l'esprit par la raison, l'œuvre de Breton résonne comme un appel au merveilleux, qui est « toujours beau » *(Manifeste du surréalisme)*, et qui fait du poète un guetteur attentif à capter les rapprochements insolites, les coïncidences signifiantes qui, dans la vie comme dans l'écriture, peuvent lui faire signe. Ainsi Breton pense-t-il parvenir à abolir les antinomies mutilantes du rêve et de la réalité, du subjectif et de l'objectif, en atteignant ce « point de l'esprit d'où la vie et la mort, le réel et l'imaginaire, le passé et le futur, le communicable et l'incommunicable, le haut et le bas cessent d'être perçus contradictoirement » *(Second Manifeste du surréalisme)*. Une telle quête s'accommode malaisément de la distinction entre les genres littéraires, et singulièrement de l'opposition entre la prose et la poésie — la qualité « poétique » de certaines « proses », comme *Nadja* ou *L'Amour fou*, en témoigne. Le pouvoir de suggestion des poèmes de Breton tient cependant beaucoup à la pertinence d'une telle distinction : l'attaque du poème, d'un ton faussement prosaïque et bridé déjà par la contrainte poétique, introduit souvent une tension première qui fait attendre l'apparition du merveilleux dans la « prose » de l'existence. C'est une tension aussi riche d'effets qui gouverne la manifestation du lyrisme : par un chassé-croisé entre la maîtrise de l'écriture et un abandon aux seules ressources du langage, l'expression, parfois hiératique et impersonnelle, cède tout à coup à l'émotion qui module son chant et fait vibrer l'édifice du poème.

Principaux recueils : *Mont-de-Piété* (1919) ; *Les Champs magnétiques,* en collaboration avec Philippe Soupault (1920) ; *Clair de terre* (1923) ; *L'Union libre* (1931) ; *Le Revolver à cheveux blancs* (1932) ; *L'Air de l'eau* (1934) ; *Ode à Charles Fourier* (1947).

A consulter : Jean-Louis Bedouin, *André Breton,* Seghers, 1967, coll. « Poètes d'aujourd'hui » ; Sarane Alexandrian, *Breton,* éd. du Seuil, 1971, coll. « Écrivains de toujours » ; Marguerite Bonnet, *André Breton, naissance de l'aventure surréaliste,* J. Corti, 1975.

USINE

La grande légende des voies ferrées et des réservoirs, la fatigue des bêtes de trait trouvent bien le cœur de certains hommes. En voici qui ont fait connaissance avec les courroies de transmission : c'est fini pour eux de la régularité de respirer. Les accidents du travail, nul ne me contredira, sont plus beaux que les mariages de raison. Cependant il arrive que la fille du patron traverse la cour. Il est plus facile de se débarrasser d'une tache de graisse que d'une feuille morte ; au moins la main ne tremble pas. A égale distance des ateliers de fabrication et de décor le prisme de surveillance joue malignement avec l'étoile d'embauchage.

Les Champs magnétiques, 1920, Gallimard.

TOURNESOL

A Pierre Reverdy

La voyageuse qui traversa les Halles à la tombée de l'été
Marchait sur la pointe des pieds
Le désespoir roulait au ciel ses grands arums[1] si beaux
Et dans le sac à main il y avait mon rêve ce flacon de sels
Que seule a respirés la marraine de Dieu
Les torpeurs se déployaient comme la buée
Au Chien qui fume
Où venaient d'entrer le pour et le contre
La jeune femme ne pouvait être vue d'eux que mal et de
    biais
Avais-je affaire à l'ambassadrice du salpêtre
Ou de la courbe blanche sur fond noir que nous appelons
    pensée
Le bal des innocents battait son plein
Les lampions prenaient feu lentement dans les marronniers
La dame sans ombre s'agenouilla sur le Pont au Change
Rue Gît-le-Cœur les timbres n'étaient plus les mêmes
Les promesses des nuits étaient enfin tenues
Les pigeons voyageurs les baisers de secours
Se joignaient aux seins de la belle inconnue
Dardés sous le crêpe des significations parfaites
Une ferme prospérait en plein Paris
Et ses fenêtres donnaient sur la voie lactée
Mais personne ne l'habitait encore à cause des survenants
Des survenants qu'on sait plus dévoués que les revenants
Les uns comme cette femme ont l'air de nager
Et dans l'amour il entre un peu de leur substance
Elle les intériorise
Je ne suis le jouet d'aucune puissance sensorielle
Et pourtant le grillon qui chantait dans les cheveux de
    cendre
Un soir près de la statue d'Étienne Marcel[2]
M'a jeté un coup d'œil d'intelligence
André Breton a-t-il dit passe

Clair de terre, 1923, Gallimard.

1. Plantes herbacées dont les fleurs sont de grande dimension et les fruits rouge vif. —
2. Statue placée devant l'Hôtel de Ville de Paris.

L'UNION LIBRE

Ma femme à la chevelure de feu de bois
Aux pensées d'éclairs de chaleur
A la taille de sablier
Ma femme à la taille de loutre entre les dents du tigre
Ma femme à la bouche de cocarde et de bouquet d'étoiles
 de dernière grandeur
Aux dents d'empreintes de souris blanche sur la terre
 blanche
A la langue d'ambre et de verre frottés
Ma femme à la langue d'hostie poignardée
A la langue de poupée qui ouvre et ferme les yeux
A la langue de pierre incroyable
Ma femme aux cils de bâtons d'écriture d'enfant
Aux sourcils de bord de nid d'hirondelle
Ma femme aux tempes d'ardoise de toit de serre
Et de buée aux vitres
Ma femme aux épaules de champagne
Et de fontaine à têtes de dauphins sous la glace
Ma femme aux poignets d'allumettes
Ma femme aux doigts de hasard et d'as de cœur
Aux doigts de foin coupé
Ma femme aux aisselles de martre et de fênes[1]
De nuit de la Saint-Jean
De troène et de nid de scalares
Aux bras d'écume de mer et d'écluse
Et de mélange du blé et du moulin
Ma femme aux jambes de fusée
Aux mouvements d'horlogerie et de désespoir
Ma femme aux mollets de moelle de sureau
Ma femme aux pieds d'initiales
Aux pieds de trousseaux de clés aux pieds de calfats[2] qui
 boivent
Ma femme au cou d'orge imperlé
Ma femme à la gorge de Val d'or
De rendez-vous dans le lit même du torrent
Aux seins de nuit
Ma femme aux seins de taupinière marine
Ma femme aux seins de creuset du rubis

---

1. Ou faines : fruits comestibles du hêtre. — 2. Petits passereaux exotiques.

Aux seins de spectre de la rose sous la rosée
Ma femme au ventre de dépliement d'éventail des jours
Au ventre de griffe géante
Ma femme au dos d'oiseau qui fuit vertical
Au dos de vif-argent
Au dos de lumière
A la nuque de pierre roulée et de craie mouillée
Et de chute d'un verre dans lequel on vient de boire
Ma femme aux hanches de nacelle
Aux hanches de lustre et de pennes de flèche
Et de tiges de plumes de paon blanc
De balance insensible
Ma femme aux fesses de grès et d'amiante
Ma femme aux fesses de dos de cygne
Ma femme aux fesses de printemps
Au sexe de glaïeul
Ma femme au sexe de placer[3] et d'ornithorynque
Ma femme au sexe d'algue et de bonbons anciens
Ma femme au sexe de miroir
Ma femme aux yeux pleins de larmes
Aux yeux de panoplie violette et d'aiguille aimantée
Ma femme aux yeux de savane
Ma femme aux yeux d'eau pour boire en prison
Ma femme aux yeux de bois toujours sous la hache
Aux yeux de niveau d'eau de niveau d'air de terre et de feu

L'Union libre, 1931, Gallimard.

---

3. Mot anglo-américain : gisement de métaux précieux.

VIGILANCE

A Paris la tour Saint-Jacques chancelante
Pareille à un tournesol
Du front vient quelquefois heurter la Seine et son ombre
  glisse imperceptiblement parmi les remorqueurs
A ce moment sur la pointe des pieds dans mon sommeil
Je me dirige vers la chambre où je suis étendu
Et j'y mets le feu
Pour que rien ne subsiste de ce consentement qu'on m'a
  arraché
Les meubles font alors place à des animaux de même taille
  qui me regardent fraternellement
Lions dans les crinières desquels achèvent de se consumer
  les chaises
Squales dont le ventre blanc s'incorpore le dernier frisson
  des draps
A l'heure de l'amour et des paupières bleues
Je me vois brûler à mon tour je vois cette cachette solen-
  nelle de riens
Qui fut mon corps
Fouillée par les becs patients des ibis du feu
Lorsque tout est fini j'entre invisible dans l'arche
Sans prendre garde aux passants de la vie qui font sonner
  très loin leurs pas traînants
Je vois les arêtes du soleil
A travers l'aubépine de la pluie
J'entends se déchirer le linge humain comme une grande
  feuille
Sous l'ongle de l'absence et de la présence qui sont de
  connivence
Tous les métiers se fanent il ne reste d'eux qu'une dentelle
  parfumée
Une coquille de dentelle qui a la forme parfaite d'un sein
Je ne touche plus que le cœur des choses je tiens le fil

Le Revolver à cheveux blancs, 1932, Gallimard.

- **« Vigilance »**

« *A Paris la Tour Saint-Jacques chancelante*
Pareille à un tournesol
ai-je dit assez obscurément pour moi dans un poème, et j'ai compris depuis
que ce balancement de la tour était surtout le mien entre les deux sens en
français du mot *tournesol*, qui désigne à la fois cette espèce d'hélianthe, connue aussi sous le nom de grand soleil, et le réactif utilisé en chimie, le plus
souvent sous la forme d'un papier bleu qui rougit au contact des acides.
Toujours est-il que le rapprochement ainsi opéré rend un compte satisfaisant
de l'idée complexe que je me fais de la tour, tant de sa sombre magnificence
assez comparable à celle de la fleur qui se dresse généralement comme elle,
très seule, sur un coin de terre plus ou moins ingrat que des circonstances
assez troubles qui ont présidé à son édification et auxquelles on sait que le
rêve millénaire de la transmutation des métaux est étroitement lié. »

L'Amour fou, Gallimard.

- **« Tournesol »**

Réfléchissant dans *L'Amour fou* sur les ruses par lesquelles le désir se manifeste, et anticipe sur la réalité par le biais du hasard et des coïncidences, Breton souligne la valeur divinatoire du texte automatique « *Tournesol* » ; écrit
en 1923, il transcrit par avance la rencontre que le poète fit, en 1934, d'une
jeune femme qu'il allait épouser l'année suivante : « Je crois possible de
confronter l'aventure purement imaginaire qui a pour cadre le poème
(« *Tournesol* ») et l'accomplissement tardif, mais combien impressionnant
par sa rigueur, de cette aventure sur le plan de la vie. Il va sans dire, en effet,
qu'en écrivant le poème « *Tournesol* » je n'étais soutenu par aucune représentation antérieure qui m'expliquât la direction très particulière que j'y suivais. Non seulement « la voyageuse », « la jeune femme », « la dame sans
ombre » demeurait alors pour moi une créature sans visage, mais j'étais, par
rapport au dévidement circonstanciel du poème, privé de toute base d'orientation. Nécessairement, l'injonction finale, très mystérieuse, n'en prenait à
mes yeux que plus de poids et c'est sans doute à elle, comme un peu aussi au
caractère minutieux du récit de quelque chose *qui ne s'est pourtant pas*
passé, que le poème, par moi tenu longtemps pour très peu satisfaisant, doit
de n'avoir pas été, comme d'autres, aussitôt détruit. »

Ibid.

- **L'écriture automatique**

« L'histoire de l'écriture automatique dans le surréalisme serait, je ne crains
pas de le dire, celle d'une infortune continue. » Les difficultés pratiques et
théoriques sont en effet multiples : « Comment s'assurer de l'homogénéité
ou remédier à l'hétérogénéité des parties constitutives de ce discours dans
lequel il est si fréquent de croire retrouver les bribes de plusieurs discours ;
comment envisager les interférences, les lacunes ; comment s'empêcher de
se représenter jusqu'à un certain point ce qui se dit ; comment tolérer le passage si égarant de l'auditif au visuel, etc. ? » Par l'enjeu qui la sous-tend,
l'écriture automatique reste cependant l'une des conquêtes majeures du surréalisme : « Le propre du surréalisme est d'avoir proclamé l'égalité totale de
tous les êtres humains normaux devant le message subliminal, d'avoir cons-

tamment soutenu que ce message constitue un patrimoine commun dont il ne tient qu'à chacun de revendiquer sa part et qui doit à tout prix cesser très prochainement d'être tenu pour l'apanage de quelques-uns. Tous les hommes, dis-je, toutes les femmes méritent de se convaincre de l'absolue possibilité pour eux-mêmes de recourir à volonté à ce langage qui n'a rien de surnaturel et qui est le véhicule même, pour tous et pour chacun, de la révélation. »

Point du jour, Gallimard.

• **Pour une étude de « L'Union libre »**

1. Une « forme-sens » reconnaissable, héritière de la tradition lyrique de la litanie amoureuse, et du « blason antomique » du xvie siècle ; le mouvement verbal, créé par les anaphores et la ramification des compléments ; la fétichisation des parties du corps féminin : rapport de la partie au tout, autonomie et agrandissement de chaque partie.

2. La constitution d'un mythe féminin : valeurs de multiplicité et dynamisme ; orientation sado-masochiste de certaines images ; thème du secret et de la révélation ; pouvoir de réunification cosmique et « élémentaire » (cf. dernier vers).

3. L'« union libre » des mots : une « page d'écriture » où le mot vaut aussi pour lui-même (cf. termes rares ; termes appelés par une ressemblance phonétique : « mollets »/« moelle » ; « orge »/« gprge »...) ; l'engendrement du texte par trois enclencheurs invariables (« Ma femme » ; « à » ; « de »). L'image surréaliste : juxtaposition de mots référentiellement éloignés ; dimension de jeu : provocation et principe de plaisir.

PAUL ÉLUARD (1895-1952)

Né à Saint-Denis en 1895, Paul-Eugène Grindel (qui choisira en 1916 de signer du pseudonyme de Paul Éluard, du nom de sa grand-mère maternelle) subira durablement l'emprise du milieu petit-bourgeois dont il est issu, vivant pendant de nombreuses années de l'argent gagné par son père dans l'immobilier, alors que ses amis surréalistes connaîtront souvent des conditions d'existence assez précaires. Mais il a très jeune l'expérience affective de la misère — sa mère, à qui il restera toujours très attaché, avait conservé vivace le souvenir de son enfance pauvre — et de la maladie : atteint de tuberculose, il doit interrompre ses études en 1912 et part se soigner au sanatorium de Clavadel, près de Davos, en Suisse. Époque décisive : sa sensibilité engrange les images du monde naturel auxquelles il ne cessera de revenir ; il lit les poètes : Apollinaire, Verlaine, ainsi que Jules Romains et Walt Whitman, dont la sensibilité « unanimiste » et le souci « moral » trouvent en lui un écho immédiat ; il rencontre aussi Gala, d'origine russe, qu'il épousera en 1917, et qui sera l'inspiratrice de ses premiers grands recueils. Pendant la Première Guerre mondiale, versé dans un service sanitaire du fait de sa mauvaise santé, il est confronté au spectacle insoutenable des blessés. En 1919, il rencontre André Breton, qui avait déjà fondé, avec Philippe Soupault et Aragon, la revue *Littérature* ; il participe avec eux à la brève aventure dadaïste, anime une revue, *Proverbe,* et jusqu'en 1938 prend une part active dans le mouvement surréaliste. Cette période est sans doute la plus féconde au plan littéraire ; de *Capitale de la douleur* (1926) à *Cours naturel* (1938), Éluard publie une série de recueils qui, à l'opposé de ses amis surréalistes, le font presque unanimement apprécier de la critique ; on lui reconnaît un ton personnel, une voix qui n'est qu'à lui et le don des images. Cette période présente aussi des évolutions décisives : ayant rompu en 1929 avec Gala — qui allait devenir l'épouse de Salvador Dali —, Éluard rencontre Nusch, qui deviendra sa femme en 1934. La pauvreté de Nusch, sa gentillesse aussi et sa simplicité accentuent sans doute le souci « moral » et « social » d'Éluard, et précipite l'évolution du poète vers une implication plus forte dans la vie collective ; la question politique se pose à lui de façon de plus en plus pressante, au fur et à mesure que la menace fasciste prend corps ; la guerre d'Espagne lui inspire ses premiers poèmes « engagés » — c'est pour cette raison que Breton rompt avec lui en 1938. Lorsque survient la Seconde Guerre mondiale, Éluard est mobilisé ; après la défaite, il est parmi les premiers à s'engager dans la Résistance intellectuelle ; il adhère au parti communiste en 1942, anime des publications clandestines — les *Éditions de Minuit* —, publie recueils et poèmes dont certains — comme « Liberté », lancé par l'aviation britannique en milliers d'exemplaires au-dessus de la France — auront un retentissement national. A la Libération, Éluard est un poète auréolé de prestige dont le parti communiste fait, un peu malgré lui, un porte-drapeau et un symbole : il multiplie les voyages à travers le monde et les conférences, tandis que son œuvre se ramifie : son engagement politique lui inspire des *Poèmes politiques* ; la veine amoureuse, que la mort soudaine de Nusch, en 1946, faillit briser, renaît dans *Corps mémorable* (1947) et se prolonge par la rencontre, en 1949, de sa troisième femme, Dominique ; dans le même temps, Éluard entreprend un vaste travail de vulgarisation et de réflexion sur l'art, qui débouche sur une *Anthologie des écrits sur l'art* et une série d'émissions radiophoniques, *Les Sentiers et les Routes de la poésie*. Épuisé par ses multiples activités qui ont délabré un état de santé fragile, Éluart meurt subitement, d'une angine de poitrine, en 1952.

L'œuvre d'Éluard fut, jusqu'à une période récente, soumise à une lecture mutilante parce qu'on voulut de force la partager entre un versant surréaliste et l'inspiration humanitaire et historique. La célébrité du poète, acquise à la Libération par son engagement dans la Résistance, et s'imposant en un temps de « guerre froide » où il fallait choisir son camp, ne fut pas étrangère à cette vision simplificatrice, d'autant plus réductrice qu'elle concerne une œuvre dont la continuité est remarquable : multiple, proliférante, la poésie d'Éluard ne cesse pourtant d'affirmer ses certitudes premières jusque dans ses ramifications ultimes. L'empreinte surréaliste fut sans doute décisive dans l'orientation poétique d'Éluard ; il en gardera toujours la liberté affichée à l'égard des contraintes formelles, le sens du raccourci, et surtout le culte des images, constante la plus repérable de sa poésie ; l'image a dans son œuvre ce pouvoir d'explosion et d'irradiation sémantique qui brise l'ordre linéaire du discours et rejoint la célèbre définition de Pierre Reverdy par des rapports à la fois justes et lointains. Mais dès l'époque surréaliste, Éluard refusait l'agressivité provocante que cultivaient ses amis du groupe, et maintenait, contre l'exigence imposée par Breton, les clivages entre genres et registres littéraires : en 1926, dans la prière d'insérer des *Dessous d'une vie*, il tenait à distinguer textes automatiques, récits de rêves, et poèmes, ceux-ci étant « la conséquence d'une volonté assez bien définie, l'écho d'un espoir ou d'un désespoir formulé ». Si, comme les surréalistes, Éluard puise dans l'inconscient, c'est en effet seulement pour y capter des images que la conscience ramène au jour et auxquelles le langage donne son évidence : l'onirisme est toujours

chez lui conjoint à un désir de transparence et d'élucidation ; la
nuit étant pour Éluard liée à une inquiétude fondamentale, à un
informulable angoissant, l'écriture poétique a pour fonction de la
conjurer ; les grands recueils de la période surréaliste témoignent
d'ailleurs d'une lutte constante entre la « tentation du sommeil »,
celle des « yeux fermés », du rêve et du repli narcissique, et le désir
de « voir » et de « donner à voir », qui finalement triomphera.
Cette lucidité trouve son prolongement poétique dans une vaste
réflexion sur le langage ; directeur de la revue *Proverbe*, auteur de
152 proverbes mis au goût du jour, Éluard s'est très tôt interrogé
sur la capacité du langage à signifier et à organiser le réel à travers
une disposition concertée, et parfois réversible, de mots : « Les
hommes ont dévoré un dictionnaire, et ce qu'ils nomment existe »,
écrit-il dans *Poésie involontaire et poésie intentionnelle*. Ce pouvoir reconnu aux mots fait de l'esthétique une éthique : l'acte poétique et artistique devient l'affirmation suprême par l'homme de
sa présence au monde, comme Éluard le dira maintes fois à propos
de Picasso : « Tous tes gestes sont signés / Car à partir de là les
hommes / Sont justifiés à leur grandeur » *(Poésie ininterrompue)*.
Cette éthique prend en compte l'acte créateur dans sa matérialité et
sa contingence historique : le poète doit « pouvoir tout dire » ; se
réappropriant le langage par une « poésie ininterrompue », il ne
cesse par son œuvre de recharger de sens la réalité. L'acte poétique
rejoint donc naturellement l'expérience amoureuse, dans une commune affirmation de l'existence ; tous deux créent une réciprocité,
instaurent un ordre, fondent un sens, et se rejoignent dans une
indéfectible confiance aux mots : « Il n'y a qu'un seul mot concret : aime » *(Donner à voir)*. L'amour éluardien est en effet une
expérience fondatrice plus que sentimentale : la présence de l'autre
permet de créer le rapport de l'être au monde et à lui-même, dans
une intuition universelle d'existence ; c'est pourquoi les poèmes de
la solitude et de la privation d'amour touchent chez Éluard au plus
profond malheur de l'homme, tandis que l'amour accompli s'y
manifeste comme une évidence absolue qui purifie, décante, rend
le corps et le langage à leur simplicité « élémentaire ». Cette valeur
fondatrice de la relation à l'autre explique, avec le souci « moral »
qui ne l'a jamais quitté, l'évolution insensible d'Éluard « de l'horizon d'un homme à l'horizon de tous » (préface des *Poèmes politiques*), et son engagement politique ; dès 1920, il affirmait :
« Essayons, c'est difficile, de rester absolument purs [...] Et le langage déplaisant, qui suffit aux bavards, [...] transformons-le en un
langage charmant, véritable, de commun échange entre nous. »
C'était justifier par avance la « poésie de circonstance », et définir
une poétique de la parole où les mots, loin d'être minés d'absence
comme chez beaucoup de poètes du XXᵉ siècle, nomment, font exister, donnent à rêver, et rejoignent le lecteur dans un commun désir
d'accomplissement de l'existence.

Principaux recueils : *Mourir de ne pas mourir* (1924) ; *Capitale de la douleur* (1926) ; *L'Amour la poésie* (1929) ; *La Vie immédiate* (1932) ; *La Rose publique* (1934) ; *Les Yeux fertiles* (1936) ; *Cours naturel* (1938) ; *Poésie ininterrompue* (1946) ; *Le Temps déborde* (1947) ; *Corps mémorable* (1947) ; *Poèmes politiques* (1948) ; *Une Leçon de morale* (1950) ; *Pouvoir tout dire* (1951) ; *Le Phénix* (1951) ; *Poésie ininterrompue II* (1953).

A consulter : Louis Parrot et Jean Marcenac, *Éluard,* Seghers, coll. « Poètes d'aujourd'hui », 1944 ; Raymond Jean, *Éluard par lui-même,* éd. du Seuil, coll. « Écrivains de toujours », 1968 ; Luc Decaunes, *Paul Éluard,* Balland, 1982 ; Daniel Bergez, *Éluard ou le rayonnement de l'être,* Champ Vallon, coll. « Champ poétique », 1982.

Je fis un feu, l'azur m'ayant abandonné,
Un feu pour être son ami,
Un feu pour m'introduire dans la nuit d'hiver,
Un feu pour vivre mieux.

Je lui donnai ce que le jour m'avait donné :
Les forêts, les buissons, les champs de blé, les vignes,
Les nids et leurs oiseaux, les maisons et leurs clés,
Les insectes, les fleurs, les fourrures, les fêtes.

Je vécus au seul bruit des flammes crépitantes,
Au seul parfum de leur chaleur ;
J'étais comme un bateau coulant dans l'eau fermée,
Comme un mort je n'avais qu'un unique élément.

Le Livre ouvert, I, 1940, Gallimard.

L'ÉGALITÉ DES SEXES

Tes yeux sont revenus d'un pays arbitraire
Où nul n'a jamais su ce que c'est qu'un regard
Ni connu la beauté des yeux, beauté des pierres,
Celle des gouttes d'eau, des perles en placards,

Des pierres nues et sans squelette, ô ma statue,
Le soleil aveuglant te tient lieu de miroir
Et s'il semble obéir aux puissances du soir
C'est que ta tête est close, ô statue abattue

Par mon amour et par mes ruses de sauvage.
Mon désir immobile est ton dernier soutien
Et je t'emporte sans bataille, ô mon image,
Rompue à ma faiblesse et prise dans mes liens.

Mourir de ne pas mourir, 1924, Gallimard.

Elle est — mais elle n'est qu'à minuit quand tous les oiseaux blancs ont refermé leurs ailes sur l'ignorance des ténèbres, quand la sœur des myriades de perles a caché ses deux mains dans sa chevelure morte, quand le triomphateur se plaît à sangloter, las de ses dévotions à la curiosité, mâle et brillante armure de luxure. Elle est si douce qu'elle a transformé mon cœur. J'avais peur des grandes ombres qui tissent les tapis du jeu et les toilettes, j'avais peur des contorsions du soleil le soir, des incassables branches qui purifient les fenêtres de tous les confessionnaux où des femmes endormies nous attendent.

Ô buste de mémoire, erreur de forme, lignes absentes, flamme éteinte dans mes yeux clos, je suis devant ta grâce comme un enfant dans l'eau, comme un bouquet dans un grand bois. Nocturne, l'univers se meut dans ta chaleur et les villes d'hier ont des gestes de rue plus délicats que l'aubépine, plus saisissants que l'heure. La terre au loin se brise en sourires immobiles, le ciel enveloppe la vie : un nouvel astre de l'amour se lève de partout — fini, il n'y a plus de preuves de la nuit.

Au Défaut du silence, 1925, Gallimard.

La courbe de tes yeux fait le tour de mon cœur,
Un rond de danse et de douceur,
Auréole du temps, berceau nocturne et sûr,
Et si je ne sais plus tout ce que j'ai vécu
C'est que tes yeux ne m'ont pas toujours vu.

Feuilles de jour et mousse de rosée,
Roseaux du vent, sourires parfumés,
Ailes couvrant le monde de lumière,
Bateaux chargés du ciel et de la mer,
Chasseurs des bruits et sources des couleurs,

Parfums éclos d'une couvée d'aurores
Qui gît toujours sur la paille des astres,
Comme le jour dépend de l'innocence
Le monde entier dépend de tes yeux purs
Et tout mon sang coule dans leurs regards.

Capitale de la douleur, 1926, Gallimard.

La terre est bleue comme une orange
Jamais une erreur les mots ne mentent pas
Ils ne vous donnent plus à chanter
Au tour des baisers de s'entendre
Les fous et les amours
Elle sa bouche d'alliance
Tous les secrets tous les sourires
Et quels vêtements d'indulgence
A la croire toute nue.

Les guêpes fleurissent vert
L'aube se passe autour du cou
Un collier de fenêtres
Des ailes couvrent les feuilles
Tu as toutes les joies solaires
Tout le soleil sur la terre
Sur les chemins de ta beauté.

L'Amour la poésie, 1929, Gallimard.

Tu te lèves l'eau se déplie
Tu te couches l'eau s'épanouit

Tu es l'eau détournée de ses abîmes
Tu es la terre qui prend racine
Et sur laquelle tout s'établit

Tu fais des bulles de silence dans le désert des bruits
Tu chantes des hymnes nocturnes sur les cordes de l'arc-
en-ciel
Tu es partout tu abolis toutes les routes

Tu sacrifies le temps
A l'éternelle jeunesse de la flamme exacte
Qui voile la nature en la reproduisant

Femme tu mets au monde un corps toujours pareil
Le tien

Tu es la ressemblance.

Facile, 1935, G.L.M.

A PABLO PICASSO

[...] Est-il argile plus aride que tous ces journaux déchirés
Avec lesquels tu te lanças à la conquête de l'aurore
De l'aurore d'un humble objet
Tu dessines avec amour ce qui attendait d'exister
Tu dessines dans le vide
Comme on ne dessine pas
Généreusement tu découpas la forme d'un poulet
Tes mains jouèrent avec ton paquet de tabac
Avec un verre avec un litre qui gagnèrent

Le monde enfant sortit d'un songe

Bon vent pour la guitare et pour l'oiseau
Une seule passion pour le lit et la barque
Pour la verdure neuve et pour le vin nouveau

Les jambes des baigneuses dénudent vague et plage
Matin tes volets bleus se ferment sur la nuit
Dans les sillons la caille a l'odeur de noisette
Des vieux mois d'août et des jeudis
Récoltes bariolées paysannes sonores
Écailles des marais sécheresse des nids

Visage aux hirondelles amères au couchant rauque

Le matin allume un fruit vert
Dore les blés les joues les cœurs
Tu tiens la flamme entre tes doigts
Et tu peins comme un incendie

Enfin la flamme unit enfin la flamme sauve. [...]

Donner à voir, 1939, Gallimard.

CRITIQUE DE LA POÉSIE

Le feu réveille la forêt
Les troncs les cœurs les matins les feuilles
Le bonheur en un seul bouquet
Confus léger fondant sucré
C'est toute une forêt d'amis
Qui s'assemble aux fontaines vertes
Du bon soleil du bois flambant

Garcia Lorca a été mis à mort[1]

Maison d'une seule parole
Et des lèvres unies pour vivre
Un tout petit enfant sans larmes
Dans ses prunelles d'eau perdue
La lumière de l'avenir
Goutte à goutte elle comble l'homme
Jusqu'aux paupières transparentes

1. Federico Garcia Lorca, poète et dramaturge espagnol ami des surréalistes, fut arrêté par la garde civile franquiste et fusillé le 19 août 1936.

Saint-Pol-Roux a été mis à mort
Sa fille a été suppliciée[1]

Ville glacée d'angles semblables
Où je rêve de fruits en fleur
Du ciel entier et de la terre
Comme à de vierges découvertes
Dans un jeu qui n'en finit pas
Pierres fanées murs sans écho
Je vous évite d'un sourire

Decour a été mis à mort[2].

Le Lit la table, 1944, Gallimard.

COMPRENNE QUI VOUDRA

> *En ce temps-là, pour ne pas
> châtier les coupables, on maltraitait
> des filles. On allait même jusqu'à
> les tondre[3].*

Comprenne qui voudra
Moi mon remords ce fut
La malheureuse qui resta
Sur le pavé
La victime raisonnable
A la robe déchirée
Au regard d'enfant perdue
Découronnée défigurée
Celle qui ressemble aux morts
Qui sont morts pour être aimés

1. Saint-Pol-Roux est le pseudonyme de Paul-Pierre Roux, écrivain et poète né en 1861, dont les surréalistes avaient vanté l'esthétique étrange, qu'il nommait lui-même « idéoréalisme ». En 1940, les Allemands envahirent sa demeure, tuèrent sa servante, violentèrent sa fille, et détruisirent nombre de ses manuscrits ; il mourut d'accablement en octobre de la même année. — 2. Jacques Decour est le pseudonyme de Daniel Decourdemanche ; professeur et romancier, il créa en 1941 *Les Lettres françaises* clandestines et participa activement à la Résistance. Arrêté par les Allemands en 1942, il fut fusillé au Mont-Valérien la même année.

3. Il s'agit des femmes accusées de collaboration sentimentale avec l'occupant, et tondues en public à la Libération.

Une fille faite pour un bouquet
Et couverte
Du noir crachat des ténèbres

Une fille galante
Comme une aurore de premier mai
La plus aimable bête

Souillée et qui n'a pas compris
Qu'elle est souillée
Une bête prise au piège
Des amateurs de beauté

Et ma mère la femme
Voudrait bien dorloter
Cette image idéale
De son malheur sur terre.

Au Rendez-vous allemand, 1944, éd. de Minuit.

NOTRE VIE[1]

Notre vie tu l'as faite elle est ensevelie
Aurore d'une ville un beau matin de mai
Sur laquelle la terre a refermé son poing
Aurore en moi dix-sept années toujours plus claires
Et la mort entre en moi comme dans un moulin

Notre vie disais-tu si contente de vivre
Et de donner la vie à ce que nous aimions
Mais la mort a rompu l'équilibre du temps
La mort qui vient la mort qui va la mort vécue
La mort visible boit et mange à mes dépens

1. Poème écrit après la mort de Nusch.

Morte visible Nusch invisible et plus dure
Que la soif et la faim à mon corps épuisé
Masque de neige sur la terre et sous la terre
Source des larmes dans la nuit masque d'aveugle
Mon passé se dissout je fais place au silence.

Le Temps déborde, 1947, Gallimard.

PORTRAIT EN TROIS TABLEAUX

I

Tes mains pourraient cacher ton corps.
Car tes mains sont d'abord pour toi,
Cacher ton corps : tu fermerais les yeux
Et si tu les ouvrais, on n'y verrait plus rien.

Et sur ton corps tes mains font un très court chemin
De ton rêve à toi-même ; elles sont tes maîtresses.
Au double de la paume est un miroir profond
Qui sait ce que les doigts composent et défont.

II

Si tes mains sont pour toi, tes seins sont pour les autres,
Comme ta bouche où tout revient prendre du goût.
La voile de tes seins se gonfle avec la vague
De ta bouche qui s'ouvre et joint tous les rivages.

Bonté d'être ivre de fatigue quand rougit
Ton visage rigide et que tes mains se vident !
Ô mon agile et la plus lente et la plus vive
Tes jambes et tes bras passent la chair compacte !

D'aplomb et renversée tu partages tes forces.
A tous tu donnes de la joie, comme une aurore
Qui se répand au fond du cœur d'un jour d'été.
Tu oublies ta naissance et brûles d'exister.

III

Et tu te fends comme un fruit mûr, ô savoureuse !
Mouvement bien en vue, spectacle humide et lisse,
Gouffre franchi très bas en volant lourdement
Je suis partout en toi, partout où bat ton sang.

Limite de tous les voyages, tu résonnes
Comme un voyage sans nuages, tu frissonnes
Comme une pierre dénudée aux feux d'eau folle
Et ta soif d'être nue éteint toutes les nuits.

Corps mémorable, 1947, Seghers.

● « **Le poète est celui qui inspire** »

« L'imagination n'a pas l'instinct d'imitation. Elle est la source et le torrent qu'on ne remonte pas. C'est de ce sommeil vivant que le jour naît et meurt à tout instant. Elle est l'univers sans association, l'univers qui ne fait pas partie d'un plus grand univers, l'univers sans dieu, puisqu'elle ne ment jamais, puisqu'elle ne confond jamais ce qui sera avec ce qui a été. La vérité se dit très vite, sans réfléchir, tout uniment, et la tristesse, la fureur, la gravité, la joie ne lui sont que changements de temps, que ciels séduits.

Le poète est celui qui inspire bien plus que celui qui est inspiré. Les poèmes ont toujours de grandes marges blanches, de grandes marges de silence où la mémoire ardente se consume pour recréer un délire sans passé. Leur principale qualité est non pas, je le répète, d'invoquer, mais d'inspirer. Tant de poèmes d'amour sans objet réuniront, un beau jour, des amants. On rêve sur un poème comme on rêve sur un être. La compréhension, comme le désir, comme la haine, est faite de rapports entre la chose à comprendre et les autres, comprises ou incomprises.

C'est l'espoir ou le désespoir qui déterminera pour le rêveur éveillé — pour le poète — l'action de son imagination. Qu'il formule cet espoir ou ce désespoir et ses rapports avec le monde changeront immédiatement. Tout est au poète objet à sensations et, par conséquent, à sentiments. Tout le concret devient alors l'aliment de son imagination et l'espoir, le désespoir passent, avec les sensations et les sentiments, au concret. »

Extrait de « L'Évidence poétique », conférence prononcée à Londres le 24 juin 1936, à l'occasion de l'Exposition surréaliste, Gallimard.

LOUIS ARAGON (1897-1982)

Fils illégitime de Louis Andrieux, ancien préfet de police et ancien ambassadeur, Louis Aragon naît le 3 octobre 1897 à Paris ; par crainte du scandale, sa mère le fera passer pour son petit frère. Dès l'âge de sept ans, il se met à écrire des romans, puis des poèmes ; il lit beaucoup (Dickens, Barrès...), et compose des pastiches. Après son baccalauréat, il entreprend des études de médecine et rencontre en 1917 André Breton au Val-de-Grâce. Après avoir achevé la rédaction d'*Anicet ou le panorama*, il abandonne ses études, et devient conseiller littéraire de Jacques Doucet, comme André Breton avec qui il a fondé la revue *Littérature*. Il participe activement au surréalisme naissant, mais s'oppose très tôt à Breton sur la condamnation portée par celui-ci contre le roman ; en 1924, l'année du *Premier Manifeste*, il commence à écrire *Le Paysan de Paris*. Ayant lu les philosophes marxistes majeurs cette année-là, il adhère au parti communiste en 1927, après Éluard. Cette période tumultueuse, de voyages et d'aventures amoureuses décevantes — il faillit se suicider pour ce motif en 1928 —, s'achève avec la rencontre d'Elsa Triolet, d'origine russe, sœur de la compagne de Maïakovski. Il part avec elle en U.R.S.S. à l'automne 1930, pour représenter les surréalistes au Congrès des écrivains révolutionnaires qui se tient à Kharkov. En 1932, la publication du poème « *Front rouge* », violent pamphlet révolutionnaire (« Feu sur Léon Blum... ») lui vaut une inculpation. Breton le défend, puis l'accable : c'est la rupture avec le mouvement surréaliste. L'année suivante, Aragon entre comme journaliste à *L'Humanité*. Il retourne encore deux fois en U.R.S.S. avant le début de la Seconde Guerre mondiale, alors que son œuvre s'oriente principalement vers le roman *(Les Cloches de Bâle, Les Beaux Quartiers...)*. Capturé en 1940, il s'échappe et ne tarde pas à organiser la Résistance avec d'autres intellectuels, dont Pierre Seghers qu'il vient de rencontrer. Il constitue en 1943 avec Elsa Triolet le Comité national des écrivains pour la zone Sud. Après la Libération, Aragon tient un rôle de premier plan dans la vie culturelle française : il reprend en 1947 la direction de *Ce Soir*, dont il s'était déjà occupé dix ans plus tôt, et entre en 1949 aux *Lettres françaises* dont il devient directeur en 1953. Son engagement politique est de plus en plus manifeste : il est présent en 1952 au XIXᵉ Congrès du parti communiste d'Union soviétique, qui voit le triomphe de Staline, et devient en 1954 titulaire du Comité central du parti communiste français. Cet engagement oriente sa création romanesque (*Les Communistes,* 1949-1951 ; *L'Homme communiste,* t. II, 1953), mais détermine peu l'œuvre poétique qui, après les poèmes de Résistance (*Le Crève-cœur,* 1941 ; *La Diane française,* 1946), se transforme en un cantique ininterrompu à Elsa (*Elsa,* 1959 ; *Le Fou d'Elsa,* 1963). Dans les années soixante commence la publication des *Œuvres romanesques croisées* d'Aragon et Elsa Triolet. C'est l'occasion d'un retour de l'écrivain sur son œuvre, prolongé par les *Entretiens* qu'il donne en 1964 et 1968, autant que par des ouvrages de réflexion critique (*Je n'ai jamais appris à écrire ou les incipit,* 1969). Ce travail de réflexion le conduit, dans *La Mise à mort* (1965) et *Blanche ou l'Oubli* (1967), qui rompent avec la tentation précédente du « réalisme » historique, à des audaces d'écriture où la virtuosité égale les réussites les plus éclatantes des romanciers d'avant-garde. En 1968, Aragon prend ses distances avec le parti communiste : *Les Lettres françaises* deviennent une tribune offerte aux intellectuels ; la publication devra en être interrompue en 1972, faute d'appuis financiers. Deux ans plus tôt, Elsa Triolet est morte. Aragon mourra en 1982, après avoir fait paraître un recueil de nouvelles au titre significatif, *Le Mentir-vrai.*

Contrairement à celle d'Éluard, dont la continuité est remarquable, l'œuvre poétique d'Aragon prit des orientations très différentes à partir de sa rupture avec mes surréalistes, en 1932. Les recueils publiés jusqu'à cette date manifestent un esprit rapide, une sensibilité bondissante qui jongle avec les mots autant qu'elle se porte vers le monde, et dispose dans le poème des gerbes d'images. Aragon restera toujours fidèle à cet usage surréaliste du « stupéfiant image » *(Traité du style)*, de même qu'il ne cessera de s'interroger sur le langage. Mais, à partir des années trente, son œuvre voit le « retour au sujet extérieur et tout particulièrement au sujet passionnant », que déplorera Breton dans ses *Entretiens*. C'est le début d'une vaste réflexion sur l'existence ; les formes se diversifient — la confession lyrique alterne avec le poème « de circonstance » ou le « discours » — pour tenter d'embrasser le réel et la conscience en un « chant [qui] est une arme pour l'homme désespéré, parce qu'il est l'homme même, dont la raison d'être est la vie » (Préface des *Yeux d'Elsa*). Deux thèmes ne cessent d'alimenter cette réflexion : une interrogation sur le temps, la mort, la décrépitude de celui qui vieillit, et qui trouve dans sa mémoire, obsédante et pourtant fuyante, un recours douloureux ; et l'amour, seule certitude qui permette de stabiliser et de justifier une vie individuelle prise au piège du « charme mobile et bizarre / Du changement et de l'oubli » *(Les Destinées de la poésie)*. Si la plupart des surréalistes ont éprouvé les séductions de l'amour multiple, Aragon a tout au contraire, à partir de la rencontre d'Elsa Triolet, essayé de fonder un mythe moderne de l'amour unique.

Cette entreprise toute littéraire, qui prend les allures d'un vaste *canzoniere*, lui permet de retrouver les accents de la longue tradition française du lyrisme amoureux. Le chant d'amour, même exalté, est cependant toujours traversé d'angoisse, parce que le besoin de l'autre est l'envers d'un doute fondamental portant sur la réalité du moi : Aragon est toujours resté l'enfant bâtard, incertain de son identité, qui se cache derrière ses masques — l'œuvre est l'un d'eux — mais se montre aussi désireux d'être *reconnu* ; il a besoin des yeux des autres, Elsa ou le lecteur. Ce besoin explique dans une certaine mesure l'attirance d'Aragon pour les formes communes et connues de l'expression poétique, celles par exemple de la chanson populaire ou de la poésie médiévale, qu'il utilise dès la période surréaliste ; il est de même revenu très tôt à une versification traditionnelle, et principalement à la rime, à laquelle il attribue en 1942 un caractère « national », conforme au génie de la poésie française : le vers français est « le sanglot organique et profond de la France, [...] ce parler de toute la terre et de toute l'histoire, dont chaque poète français est l'héritier » (préface des *Yeux d'Elsa*). L'écriture poétique permet ainsi de rejoindre une sorte de « dire » universel, de fondre la parole individuelle — qui sait au besoin prendre ses libertés — dans une communauté scellée par le langage. Celui-ci n'a d'ailleurs pas cessé d'être un objet d'interrogation et d'émerveillement pour Aragon ; la « mobilité d'esprit [...] sans égale » que lui reconnaissait Breton *(Entretiens)*, se traduit par un très réel talent de l'imitation, du pastiche — son œuvre est pleine de réminiscences littéraires recomposées —, et par une virtuosité rare dans le traitement de la rime, les jeux de l'homophonie, l'art de la surprise verbale maîtrisée. Cette manipulation du langage se fait en pleine conscience : du *Traité du style* (1928) à *Je n'ai jamais appris à écrire ou les incipit* (1969), mais aussi bien dans les innombrables préfaces et commentaires qu'il a donnés de son œuvre, Aragon n'a cessé de réfléchir au pouvoir des mots, à ce qu'ils nous apprennent de nous-mêmes et de notre relation au monde. « Qu'est-ce que parler veut dire ? », demandait-il dans *Le Mouvement perpétuel* ; c'était pour répondre aussitôt : « Semer des cailloux blancs que les oiseaux mangeront » ; les mots sont donc des traces aussi nécessaires qu'incertaines, et l'œuvre qui se construit à partir du langage ne peut être qu'un « mentir-vrai » ; la réussite d'Aragon tient en grande partie à la récupération esthétique de cette contradiction ; en brisant souvent son lyrisme, en faisant intervenir de soudaines ruptures de tonalité, en introduisant le langage prosaïque au sein du poème, il y ménage des « faiblesses » productrices de beauté : « L'art des vers est l'alchimie qui transforme en beautés les faiblesses [...] Où la syntaxe est violée, où le mot déçoit le mouvement lyrique, où la phrase de travers se construit, là combien de fois le lecteur frémit » (préface des *Yeux d'Elsa*).

Principaux recueils : *Feu de joie* (1920) ; *Le Mouvement perpétuel* (1925) ; *Le Crève-cœur* (1941) ; *Les Yeux d'Elsa* (1942) ; *La Diane française* (1945) ; *Le Roman inachevé* (1956) ; *Le Fou d'Elsa* (1963) ; *Les Chambres* (1969).

A consulter : Georges Sadoul, *Aragon,* Seghers, coll. « Poètes d'aujourd'hui », 1967 ; Hubert Juin, *Aragon,* Gallimard, coll. « Pour une bibliothèque idéale », 1960 ; Charles Haroche, *L'Idée de l'amour dans « Le Fou d'Elsa » et l'œuvre d'Aragon,* Gallimard, 1966.

ÉCLAIRAGE A PERTE DE VUE

Je tiens ce nuage or et mauve au bout d'un jonc
l'ombrelle ou l'oiselle ou la fleur
                              La chevelure
descend des cendres du soleil se décolore
entre mes doigts
                       Le jour est gorge-de-pigeon
Vite un miroir Participé-je à ce mirage
Si le parasol change en paradis le sol
jouons
          à l'ange
                       à la mésange
                              au passereau
Mais elles qui vaincraient les grêles et l'orage
mes ailes oublieront les bras et les travaux
Plus léger que l'argent de l'air où je me love
je file au ras des rêts et m'évade du rêve

La Nature se plie et sait ce que je vaux

Feu de joie, 1920 © Aragon.

POÉSIE

Semeur
La poudre aux yeux n'est que le sable du sommeil
Le sabre du soleil comme c'est déjà vieux
Tu prends ton cœur pour un instrument de musique
Délicat corps du délit
Poids mort
Qu'ai-je à faire de ce fardeau
Fard des sentiments
Je mens et je mange
La vie courante et le ciel pur
On ne sait pas d'où vient le vent
Quel charme
Je n'ai pas de tête
Le temps me sert de pis aller

Le Mouvement perpétuel, 1925, Gallimard.

LES APPROCHES
DE L'AMOUR
ET DU BAISER

Elle s'arrête au bord des ruisseaux Elle chante
Elle court Elle pousse un long cri vers le ciel
Sa robe est ouverte sur le paradis
Elle est tout à fait charmante
Elle agite un feuillard au-dessus des vaguelettes
Elle passe avec lenteur sa main blanche sur son front pur
Entre ses pieds fuient les belettes
Dans son chapeau s'assied l'azur

Le Mouvement perpétuel, 1925, Gallimard.

ELSA AU MIROIR

C'était au beau milieu de notre tragédie
Et pendant un long jour assise à son miroir
Elle peignait ses cheveux d'or Je croyais voir
Ses patientes mains calmer un incendie
C'était au beau milieu de notre tragédie

Et pendant un long jour assise à son miroir
Elle peignait ses cheveux d'or et j'aurais dit
C'était au beau milieu de notre tragédie
Qu'elle jouait un air de harpe sans y croire
Pendant tout ce long jour assise à son miroir

Elle peignait ses cheveux d'or et j'aurais dit
Qu'elle martyrisait à plaisir sa mémoire
Pendant tout ce long jour assise à son miroir
A ranimer les fleurs sans fin de l'incendie
Sans dire ce qu'une autre à sa place aurait dit

Elle martyrisait à plaisir sa mémoire
C'était au beau milieu de notre tragédie
Le monde ressemblait à ce miroir maudit
Le peigne partageait les feux de cette moire
Et ces feux éclairaient des coins de ma mémoire

C'était au beau milieu de notre tragédie
Comme dans la semaine est assis le jeudi

Et pendant un long jour assise à sa mémoire
Elle voyait au loin mourir dans son miroir

Un à un les acteurs de notre tragédie
Et qui sont les meilleurs de ce monde maudit

Et vous savez leurs noms sans que je les aie dits
Et ce que signifient les flammes des longs soirs

Et ses cheveux dorés quand elle vient s'asseoir
Et peigner sans rien dire un reflet d'incendie

La Diane française, 1945, Seghers.

STROPHES POUR SE SOUVENIR[1]

Vous n'avez réclamé la gloire ni les larmes
Ni l'orgue ni la prière aux agonisants
Onze ans déjà que cela passe vite onze ans
Vous vous étiez servi simplement de vos armes
La mort n'éblouit pas les yeux des Partisans

Vous aviez vos portraits sur les murs de nos villes
Noirs de barbe et de nuit hirsutes menaçants
L'affiche qui semblait une tache de sang
Parce qu'à prononcer vos noms sont difficiles
Y cherchait un effet de peur sur les passants

Nul ne semblait vous voir Français de préférence
Les gens allaient sans yeux pour vous le jour durant
Mais à l'heure du couvre-feu des doigts errants
Avaient écrit sous vos photos MORTS POUR LA FRANCE
Et les mornes matins en étaient différents

Tout avait la couleur uniforme du givre
A la fin février pour vos derniers moments.
Et c'est alors que l'un de vous dit calmement
Bonheur à tous Bonheur à ceux qui vont survivre
Je meurs sans haine en moi pour le peuple allemand

Adieu la peine et le plaisir Adieu les roses
Adieu la vie adieu la lumière et le vent
Marie-toi sois heureuse et pense à moi souvent
Toi qui vas demeurer dans la beauté des choses
Quand tout sera fini plus tard en Erivan[2]

Un grand soleil d'hiver éclaire la colline
Que la nature est belle et que le cœur me fend
La justice viendra sur nos pas triomphants
Ma Mélinée ô mon amour mon orpheline
Et je te dis de vivre et d'avoir un enfant

---

1. Le poème évoque le martyre des membres du groupe Manouchian, résistants étrangers arrêtés (dans des circonstances mystérieuses) en 1943 et fusillés en février 1944 au Mont-Valérien. Une affiche placardée par les Allemands, l'*Affiche rouge*, tentait de les discréditer en suscitant un réflexe xénophobe, et les dénonçait comme « l'armée du crime ». — 2. Ou Erevan : capitale de l'Arménie, pays natal de Manouchian, dont Aragon transcrit l'ultime lettre, adressée à sa femme Mélinée.

Ils étaient vingt et trois quand les fusils fleurirent
Vingt et trois qui donnaient leur cœur avant le temps
Vingt et trois étrangers et nos frères pourtant
Vingt et trois amoureux de vivre à en mourir
Vingt et trois qui criaient la France en s'abattant

Le Roman inachevé, 1956, Gallimard © Aragon

Le long pour l'un pour l'autre est court Il y a deux sortes de
   gens
L'une est pour l'eau comme un barrage et l'autre fuit
   comme l'argent
Le mot-à-mot du mot *amour* à quoi bon courir à sa suite
Il est resté dans la Dordogne avec le bruit prompt de la
   truite
Au détour des arbres profonds devant une maison perchée
Nous avions rêvé tout un jour d'une vie au bord d'un
   rocher

        La barque à l'amarre
        Dort au mort des mares
        Dans l'ombre qui mue

        Feuillards et ramures
        La fraîcheur murmure
        Et rien ne remue

        Sauf qu'une main lasse
        Un instant déplace
        Un instant pas plus

        La rame qui glisse
        Sur les cailloux lisses
        Comme un roman lu

Si jamais plus tard tu reviens par ce pays jonché de pierres
Si jamais tu revois un soir les îles que fait la rivière
Si tu retrouves dans l'été les bras noirs qu'ont ici les nuits
Et si tu n'es pas seule alors dis-lui de s'écarter dis-lui
De s'é-car-ter le temps de renouer ce vieux songe illusoire
Puis fais porter le mot *amour* et le reste au brisoir

Le Roman inachevé, 1956, Gallimard © Aragon

Je tombe je tombe je tombe
Avant d'arriver à ma tombe
Je repasse toute ma vie
Il suffit d'une ou deux secondes
Que dans ma tête tout un monde
Défile tel que je le vis
Ses images sous les paupières
Font comme au fond d'un puits les pierres
Dilatant l'iris noir de l'eau
C'est tout le passé qui s'émiette
Un souvenir sur l'autre empiète
Et les soleils sur les sanglots
O pluie O poussière impalpable
Existence couleur de sable
Brouillard des respirations
Quel choix préside à mon vertige
Je tombe et fuis dans ce prodige
Ma propre accélération

Le Roman inachevé, 1956, Gallimard © Aragon

• **Pour une étude de « Le long pour l'un pour l'autre... »**

1. Une expérience du temps destructeur : les images de la fuite du temps ; les indices de la perte ; l'érosion du langage, qui semble vouloir opérer une impossible rétention. La thématique de l'illusion : songe et miroir.

2. Le désir d'un ancrage affectif dans le lieu remémoré : les images de l'abri, du retour, de la protection. L'ambivalence symbolique de la barque et de l'eau : entre mouvement et immobilité, préservation et mort.

3. Le mot, le mort et la mort : une réflexion sur le langage, le pouvoir de ressaisissement du passé par le mot. L'intervention du discours impersonnel, des images convenues (cf. souvenirs verlainiens dans les strophes centrales), du registre oral. Le poème comme épellation du « mot-à-mot » ou le langage jeté au « brisoir ».

ANTONIN ARTAUD (1896-1948)

Il naît à Marseille le 4 septembre 1896. Victime très tôt de troubles nerveux, il se verra contraint d'interrompre ses études, et entre
à dix-neuf ans dans une maison de santé. Arrivé à Paris en 1920, il
y rencontre Max Jacob, André Masson, Michel Leiris, et travaille
dans diverses troupes de théâtre. Il adhère en 1924 au surréalisme
— il écrit alors *Le Pèse-Nerfs* —, qu'il quittera lorsque le mouvement se rapprochera du parti communiste. Ayant fondé en 1927 le
théâtre Alfred Jarry, il travaille aux textes qu'il réunira en 1936
dans *Le Théâtre et son double*. Il part cette année-là pour le Mexi-
que, où il vit plusieurs mois dans une tribu d'Indiens, puis se rend
en Irlande. Expulsé, il est interné au Havre à son retour ; il est
ensuite transféré à l'hôpital psychiatrique de Rouen, puis à Sainte-
Anne à Paris, enfin à Rodez, où il renoue avec le goût d'écrire,
peindre et dessiner. Il retrouve la liberté en 1948 et s'installe à Ivry.
Atteint d'un cancer, abattu par les médicaments qu'on lui prescrit
et les troubles mentaux qui ne cessent pas, il meurt le 4 mars 1948.

« Je souffre que l'Esprit ne soit pas dans la vie et que la vie ne
soit pas dans l'Esprit » *(L'Ombilic des limbes)* : la grande affaire
d'Artaud fut en effet non pas l'écriture mais l'existence, qu'il voulut intense jusqu'à la folie. Aussi l'art n'est pour lui ni représentation ni médiation, mais transmutation de la vie. S'il est attiré par le
cinéma (il joua Marat dans le *Napoléon* d'Abel Gance) et par le
théâtre — où il cherche à retrouver par la « cruauté » l'état de
transe des rituels primitifs —, c'est parce que l'acteur peut s'y
livrer à une violence qui fascine et subjugue, rendant à l'homme la
conscience de ses pouvoirs enfouis par des siècles de raison et de
« psychologie » artificielle. Dans ses textes, où la prose est souvent
plus dense que la forme versifiée, une écriture à la fois rigoureuse
et convulsive tente de retrouver cette salutaire violence qui
retourne contre la société la malédiction qu'elle lui inflige, et
incarne dans les mots « cette espèce de morsure concrète que comporte toute sensation vraie » (« Le Théâtre de la cruauté »).

Principaux recueils : *L'Ombilic des limbes* (1925) ; *Le Pèse-
Nerfs* (1925) ; *L'Art et la Mort* (1929).

A consulter : Georges Charbonnier, *Antonin Artaud,* Seghers,
1970 (rééd. 1980), coll. « Poètes d'aujourd'hui » ; *Artaud,* Entretiens de Cerisy-la-Salle (juin-juillet 1972), U.G.E., 1973.

Je n'ai visé qu'à l'horlogerie de l'âme, je n'ai transcrit que la douleur d'un ajustement avorté.

Je suis un abîme complet. Ceux qui me croyaient capable d'une douleur entière, d'une belle douleur, d'angoisses remplies et charnues, d'angoisses qui sont un mélange d'objets, une trituration effervescente de forces et non un point suspendu

— avec pourtant des impulsions mouvementées, déracinantes, qui viennent de la confrontation de mes forces avec ces abîmes d'absolu offert,

(de la confrontation de forces au volume puissant)

et il n'y a plus que les abîmes volumineux, l'arrêt, le froid, —

ceux donc qui m'ont attribué plus de vie, qui m'ont pensé à un degré moindre de la chute du soi, qui m'ont cru plongé dans un bruit torturé, dans une noirceur violente avec laquelle je me battais,

— sont perdus dans les ténèbres de l'homme.

Le Pèse-Nerfs, 1925, Gallimard.

Penser sans rupture minime, sans chausse-trape dans la pensée, sans l'un de ces escamotages subits dont mes moelles sont coutumières comme postes-émetteurs de courants.

Mes moelles parfois s'amusent à ces jeux, se plaisent à ces jeux, se plaisent à ces rapts furtifs auxquels la tête de ma pensée préside.

Il ne me faudrait qu'un seul mot parfois, un simple petit mot sans importance, pour être grand, pour parler sur le ton des prophètes, un mot témoin, un mot précis, un mot subtil, un mot bien macéré dans mes moelles, sorti de moi, qui se tiendrait à l'extrême bout de mon être,

et qui, pour tout le monde, ne serait rien.

Je suis témoin, je suis le seul témoin de moi-même. Cette écorce de mots, ces imperceptibles transformations de ma pensée à voix basse, de cette petite partie de ma pensée que je prétends qui était déjà formulée, et qui avorte,

je suis seul juge d'en mesurer la portée.

Le Pèse-Nerfs, 1925, Gallimard.

LA NUIT OPÈRE

Dans les outres des draps gonflés
où la nuit entière respire,
le poète sent ses cheveux
grandir et se multplier.

Sur tous les comptoirs de la terre
montent des verres déracinés,
le poète sent sa pensée
et son sexe l'abandonner.

Car ici la vie est en cause
et le ventre de la pensée ;
les bouteilles heurtent les crânes
de l'aérienne assemblée.

Le Verbe pousse du sommeil
comme une fleur ou comme un verre
plein de formes et de fumées.

Le verre et le ventre se heurtent,
La vie est claire
dans les crânes vitrifiés.

L'aréopage ardent des poètes
s'assemble autour du tapis vert
le vide tourne.

La vie traverse la pensée
du poète aux cheveux épais.

Dans la rue rien qu'une fenêtre,
les cartes battent ;
dans la fenêtre la femme au sexe
met son ventre en délibéré.

Paru en 1925 ; *OEuvres complètes,* Gallimard.

ROBERT DESNOS (1900-1945)

Il naît à Paris le 4 juillet 1900. Toute son enfance sera imprégnée par le quartier Saint-Martin (son père travaille aux Halles), dont l'atmosphère populaire et merveilleuse inspirera nombre de ses poèmes. Il commence très tôt à dessiner et à noter ses rêves, faisant preuve d'un appétit de liberté qui le poussera, en 1917, à quitter sa famille ; il vit alors de divers métiers, et commence à publier, avant de rencontrer Breton et Aragon qui animent la revue *Littérature*. En 1922, après son service militaire (au Maroc), il revient à Paris, retrouve ses amis, et joue un rôle déterminant dans la formation du mouvement surréaliste ; il se révèle le plus doué du groupe au cours des séances de sommeil hypnotique, et publie des récits de rêves en revue, en même temps que ses premiers grands recueils (*Deuil pour deuil*, 1924 ; *La Liberté ou l'amour*, 1927). Désireux de propager l'esprit surréaliste dans les formes modernes de la communication (radio, cinéma…), il se brouille en 1929 avec Breton ; son œuvre y gagne une liberté nouvelle, une veine humoristique qui se manifestent dans *Les Sans cou* (1934). Angoissé par la menace fasciste, il soutient le Front populaire. Fait prisonnier puis libéré au début de la guerre, il rentre à Paris et continue à écrire ; malgré la censure, il poursuit son travail de journaliste et participe à la Résistance dans le réseau « Agir ». La Gestapo l'arrête à son domicile le 22 février 1944. Après avoir connu plusieurs camps de concentration, dans lesquels il manifeste une résistance exemplaire à la souffrance et à l'humiliation, il meurt d'épuisement le 8 juin 1945 au camp de Terezín (Tchécoslovaquie) qui vient d'être libéré par les armées alliées.

En 1924, dans le premier *Manifeste du surréalisme*, André Breton reconnaissait en Desnos « celui d'entre nous qui, peut-être, s'est le plus approché de la vérité surréaliste ». C'était rendre hommage à ses talents médiumniques, à sa capacité d'invention verbale, qui avaient fait merveille dans la période dite « des sommeils ». Il ne cessera de puiser dans le rêve et dans l'inconscient, pour explorer les voies d'une nouvelle écriture poétique. Mais il est avant tout un expérimentateur du langage ; il laisse les mots aller où ils le mènent, « pour voir » ; il multiplie les trouvailles verbales, les coq-à-l'âne subits appelés par l'homophonie ; il décompose et recompose les mots, recourt aux contrepèteries, à d'incessantes ruptures de ton, mêlant le burlesque et le lyrique. Ce sens de la liberté verbale, de l'expérimentation poétique, le rend très proche de Breton. Il se distingue cependant très tôt de celui-ci par son humour, et par son désir de faire passer le surréalisme dans le « domaine public ». A partir des années trente, il s'intéresse de plus en plus à la presse (il collabore depuis plusieurs années à des journaux), à la radio, au cinéma, à la publicité ; il écrit des messages publicitaires pour « Fantomas » ou le « Vermifuge Lune », en même temps que son écriture retrouve des formes d'expression proches de cette culture très vivante dans laquelle a baigné son enfance. Parce qu'il ne sacralise pas la littérature, il compose pour les enfants des *Chantefables* pleines d'humour, et se met à la « recherche d'un langage familier et lyrique » qui l'amène à « reprendre les lieux communs, les thèmes en apparence usés » (postface de *Fortunes*). Il n'y a aucun reniement dans cette évolution. Son œuvre fait entendre de bout en bout un appel au merveilleux, une recherche éperdue de l'amour, traversée par une obscure inquiétude : les titres de ses recueils disent un sens intime du deuil, un sentiment tragique de l'existence, une interrogation obsédante sur le destin, à laquelle sa mort donna un pathétique écho.

Principaux recueils : *Deuil pour deuil* (1924) ; *La Liberté ou l'amour* (1927) ; *Corps et biens* (1930) ; *Fortunes* (1942) ; *Trente Chantefables pour les enfants sages* (1944) ; parutions posthumes : *Domaine public* (1953) ; *Destinée arbitraire* (1975).

A consulter : Pierre Berger, *Robert Desnos,* Seghers, coll. « Poètes d'aujourd'hui », 1970 ; Marie-Claire Dumas, *Robert Desnos ou l'Exploration des limites,* Klincksieck, 1980.

Notre paire quiète, ô yeux !
que votre « non » soit sang (t'y fier ?)
que votre araignée rie,
que votre vol honteux soit fête (au fait)
sur la terre (commotion).

Donnez-nous, aux joues réduites,
notre pain quotidien.
Part, donnez-nous, de nos œufs foncés
comme nous part donnons
à ceux qui nous ont offensés.
Nounou laissez-nous succomber à la tentation
et d'aile ivrez-nous du mal.

Corps et biens, 1930, Gallimard.

AU MOCASSIN LE VERBE

Tu me suicides, si docilement.
Je te mourrai pourtant un jour.
Je connaîtrons cette femme idéale
et lentement je neigerai sur sa bouche.
Et je pleuvrai sans doute…, même si je fais tard, même si
je fais beau temps.
Nous aimez si peu nos yeux
et s'écroulerai cette larme sans
raison bien entendu et sans tristesse.
Sans.

Corps et biens, 1930, Gallimard.

J'AI TANT RÊVÉ DE TOI

J'ai tant rêvé de toi que tu perds ta réalité.

Est-il encore temps d'atteindre ce corps vivant et de baiser sur cette bouche la naissance de la voix qui m'est chère ?

J'ai tant rêvé de toi que mes bras habitués, en étreignant ton ombre, à se croiser sur ma poitrine ne se plieraient pas au contour de ton corps, peut-être.

Et que, devant l'apparence réelle de ce qui me hante et me gouverne depuis des jours et des années, je deviendrais une ombre sans doute.

Ô balances sentimentales.

J'ai tant rêvé de toi qu'il n'est plus temps sans doute que je m'éveille. Je dors debout, le corps exposé à toutes les apparences de la vie et de l'amour et toi, la seule qui compte aujourd'hui pour moi, je pourrais moins toucher ton front et tes lèvres que les premières lèvres et le premier front venus.

J'ai tant rêvé de toi, tant marché, parlé, couché avec ton fantôme qu'il ne me reste plus peut-être, et pourtant, qu'à être fantôme parmi les fantômes et plus ombre cent fois que l'ombre qui se promène et se promènera allégrement sur le cadran solaire de ta vie.

Corps et biens, 1930, Gallimard.

IL FAIT NUIT

Tu t'en iras quand tu voudras
Le lit se ferme et se délace avec délices comme un corset de
    velours noir
Et l'insecte brillant se pose sur l'oreiller
Éclate et rejoint le Noir
Le flot qui martèle arrive et se tait

Samoa la belle s'endort dans l'ouate
Clapier que fais-tu des drapeaux ? tu les roules dans la
    boue
A la bonne étoile et au fond de toute boue
Le naufrage s'accentue sous la paupière
Je conte et décris le sommeil
Je recueille les flacons de la nuit et je les range sur une
    étagère
Le ramage de l'oiseau de bois se confond avec le bris des
    bouchons en forme de regard
N'y pas aller n'y pas mourir la joie est de trop
Un convive de plus à la table ronde dans la clairière de vert
    émeraude et de heaumes retentissants près d'un mon-
    ceau d'épées et d'armures cabossées
Nerf en amoureuse lampe éteinte de la fin du jour
Je dors.

                                Corps et biens, 1930, Gallimard.

AU BOUT DU MONDE

Ça gueule dans la rue noire au bout de laquelle l'eau du
    fleuve frémit contre les berges.
Ce mégot jeté d'une fenêtre fait une étoile.
Ça gueule encore dans la rue noire.
Ah ! vos gueules !
Nuit pesante, nuit irrespirable.
Un cri s'approche de nous, presque à nous toucher,
Mais il expire juste au moment de nous atteindre.

Quelque part, dans le monde, au pied d'un talus,
Un déserteur parlemente avec des sentinelles qui ne com-
    prennent pas son langage.

                                Fortunes, 1942, Gallimard.

LE PÉLICAN

Le capitaine Jonathan,
Étant âgé de dix-huit ans,
Capture un jour un pélican
Dans une île d'Extrême-Orient.

Le pélican de Jonathan,
Au matin, pond un œuf tout blanc
Et il sort un pélican
Lui ressemblant étonnamment.

Et ce deuxième pélican
Pond, à son tour, un œuf tout blanc
D'où sort, inévitablement,
Un autre qui en fait autant.

Cela peut durer pendant très longtemps
Si l'on ne fait pas d'omelette avant.

Chantefables et Chantefleurs, 1944, Gründ.

LA FOURMI

Une fourmi de dix-huit mètres
Avec un chapeau sur la tête,
Ça n'existe pas, ça n'existe pas.
Une fourmi traînant un char
Plein de pingouins et de canards,
Ça n'existe pas, ça n'existe pas.
Une fourmi parlant français,
Parlant latin et javanais,
Ça n'existe pas, ça n'existe pas.
        Eh ! pourquoi pas ?

Chantefables et Chantefleurs, 1944, Gründ.

HENRI MICHAUX (1899-1984)

Né le 24 mai 1899 à Namur (Belgique), il abandonne en 1919 des études de médecine, après avoir pris goût à la littérature à travers d'abondantes lectures. La découverte de Lautréamont en 1922, deux ans après un voyage qui l'avait mené jusqu'à Buenos Aires, détermine sans doute son désir d'écrire. Installé à Paris en 1924, il est encouragé par Jules Supervielle, et découvre la peinture contemporaine à travers Klee, Max Ernst, De Chirico. Jusqu'en 1937, sa vie est marquée par plusieurs voyages — en Équateur, Turquie, Italie, Asie, Amérique du Sud — qui lui inspireront divers ouvrages (*Ecuador,* 1929 ; *Un Barbare en Asie,* 1933 ; *Voyage en Grande Garabagne,* 1936), tandis que ses œuvres proprement poétiques commencent à paraître : *Qui je fus* (1927), *Mes propriétés* (1929), *Un certain Plume* (1931). Devenu rédacteur en chef de la revue *Hermès* en 1937, il commence à pratiquer le dessin et la peinture avec régularité, publie *Plume* en 1938, et *Peintures* en 1939, l'année d'un voyage au Brésil. A partir de la guerre, qui le contraint à s'exiler au Lavandou avec sa future femme — qui mourra dans des circonstances dramatiques en 1948 —, sa vie se confond avec son œuvre, plastique et littéraire ; expositions et publications se succèdent, mais l'homme reste secret et se livre de plus en plus rarement. Naturalisé français en 1955, lauréat en 1965 du grand prix national des Lettres, qu'il refuse, il meurt le 19 octobre 1984.

La poésie était pour Hugo « tout ce qu'il y a d'intime dans tout » (première préface des *Odes*). Michaux ne semble pas s'éloigner de cette définition en proposant à son œuvre l'exploration de l'« espace du dedans ». Mais si le romantique tente de saisir le monde sur le mode de l'intimité et de la complicité, de le faire sien, Michaux se confronte à l'inverse aux drames permanents du dehors et du dedans, aux conflits du moi et de l'autre ; il découvre en lui un être envahi par la présence multiple et angoissante de l'étrange, sous la forme d'animaux, d'êtres, de contrées imaginaires, qui le vouent à tous les degrés de la terreur, de la culpabilité et de l'aliénation. Inversant la logique traditionnelle du lyrisme, il ne va pas d'un moi constitué à son expression, mais tente par les mots de s'approcher de lui-même, de définir ses « propriétés ». D'une telle « connaissance par les gouffres » il ne sort jamais indemne ; quêtes, voyages intérieurs, épreuves et mises à l'épreuve font de son aventure une expérience des limites qui donne son sens le plus fort au terme d'introspection ; il est avec Supervielle l'un des rares poètes du « corps intérieur », fait de cénesthésies, d'impulsions, d'une vie larvaire et organique où se réalisent des échanges incertains entre l'activité du corps et celle de la conscience. La volonté unique, d'une constance exemplaire, qui préside à cette quête, est de se connaître — au pis de se guérir : Michaux écrit « par hygiène », « pour [sa] santé » (postface à *La Nuit remue*), exorcisant dans l'écriture les figures qui le hantent, ou se libérant par l'aphorisme. Mais l'entreprise est toujours à recommencer et le poète, Sisyphe de son drame intérieur, oscille entre les deux pôles de l'exaltation furieuse et dévastatrice et de l'aspiration à la paix du néant. Pris dans cette tension, le langage est à la fois objet d'amour et de répulsion, et l'œuvre se construit sur un déni d'elle-même : « Plus tu auras réussi à écrire (si tu écris), plus éloigné tu seras de l'accomplissement du pur, fort, originel *désir*, celui, fondamental, de ne pas laisser de trace » *(Poteaux d'angle)*. Il faut donc « écrire plutôt pour court-circuiter » *(Face aux verrous)*. Une réelle violence s'exerce contre les mots, tantôt lancés comme des coups de poing sur la page, tantôt désarticulés ou recomposés au gré des créations verbales ; le langage parfois implose, réduit à une suite de décharges pulsionnelles, suaves ou stridentes, que l'écriture poétique enregistre comme un sismographe intérieur. Aucune complaisance cependant, dans une telle démarche : à l'écart du courant surréaliste, qu'il a côtoyé sans y participer, Michaux n'a laissé l'initiative aux mots que dans la mesure où il était certain d'y trouver le gage d'une plus grande authenticité ; il est un « ascète du langage » (René Bertelé), qui sait à l'occasion ne pas tomber dans le ridicule du sérieux, prendre ses distances avec lui-même par une écriture « blanche » ou par l'humour. Nul moins que lui, dont l'entreprise a aussi passé par le dessin, la peinture, l'expérience de la drogue, n'a sacralisé l'écriture poétique. D'où le malaise du lecteur, face à une œuvre qui défie les classifications littéraires : « les genres littéraires sont des ennemis qui ne vous ratent pas, si vous les avez ratés au premier coup » *(Qui je fus)*.

Principaux recueils : *Qui je fus* (1927) ; *Ecuador* (1929) ; *Mes Propriétés* (1929) ; *La Nuit remue* (1935) ; *Peintures* (1939) ; *Épreuves, exorcismes, 1940-1944* (1945) ; *La Vie dans les plis* (1949) ; *Mouvements* (1951) ; *Face aux verrous* (1954) ; *Connaissance par les gouffres* (1961) ; *Poteaux d'angle* (1971) ; *Chemins cherchés, chemins perdus, Transgressions* (1981).

A consulter : René Bertelé, *Henri Michaux,* Seghers, 1975, coll. « Poètes d'aujourd'hui » ; Robert Bréchon, *Michaux,* Gallimard, coll. « Pour une bibliothèque idéale », 1959 ; Jean-Michel Maulpoix, *Michaux, passager clandestin,* Champ Vallon, coll. « Champ poétique », 1984.

LE GRAND COMBAT

Il l'emparouille et l'endosque contre terre ;
Il le rague et le roupète jusqu'à son drâle ;
Il le pratèle et le libucque et lui barufle les ouillais ;
Il le tocarde et le marmine,
Le manage rape à ri et ripe à ra.
Enfin il l'écorcobalisse.

L'autre hésite, s'espudrine, se défaisse, se torse et se ruine.
C'en sera bientôt fini de lui ;
Il se reprise et s'emmargine... mais en vain
Le cerceau tombe qui a tant roulé.
Abrah ! Abrah ! Abrah !
Le pied a failli !
Le bras a cassé !
Le sang a coulé !
Fouille, fouille, fouille,
Dans la marmite de son ventre est un grand secret
Mégères alentour qui pleurez dans vos mouchoirs ;
On s'étonne, on s'étonne, on s'étonne
Et on vous regarde
On cherche aussi, nous autres, le Grand Secret.

Qui je fus, 1927, Gallimard.

MES OCCUPATIONS

Je peux rarement voir quelqu'un sans le battre. D'autres préfèrent le monologue intérieur. Moi, non. J'aime mieux battre.

Il y a des gens qui s'assoient en face de moi au restaurant et ne disent rien, ils restent un certain temps, car ils ont décidé de manger.

En voici un.

Je te l'agrippe, toc.

Je te le ragrippe, toc.

Je le pends au portemanteau.
Je le décroche.
Je le repends.
Je le redécroche.
Je le mets sur la table, je le tasse et l'étouffe.
Je le salis, je l'inonde.
Il revit.
Je le rince, je l'étire (je commence à m'énerver, il faut en finir), je le masse, je le serre, je le résume et l'introduis dans mon verre, et jette ostensiblement le contenu par terre, et dis au garçon : « Mettez-moi donc un verre plus propre. »
Mais je me sens mal, je règle promptement l'addition et je m'en vais.

Mes Propriétés, 1929, Gallimard.

EMPORTEZ-MOI

Emportez-moi dans une caravelle,
Dans une vieille et douce caravelle,
Dans l'étrave, ou si l'on veut, dans l'écume,
Et perdez-moi, au loin, au loin.

Dans l'attelage d'un autre âge.
Dans le velours trompeur de la neige.
Dans l'haleine de quelques chiens réunis.
Dans la troupe exténuée des feuilles mortes.

Emportez-moi sans me briser, dans les baisers,
Dans les poitrines qui se soulèvent et respirent,
Sur les tapis des paumes et leur sourire,
Dans les corridors des os longs et des articulations.

Emportez-moi, ou plutôt enfouissez-moi.

Mes Propriétés, 1929, Gallimard.

CHANT DE MORT

La fortune aux larges ailes, la fortune par erreur m'ayant emporté avec les autres vers son pays joyeux, tout à coup, mais tout à coup, comme je respirais enfin heureux, d'infinis petits pétards dans l'atmosphère me dynamitèrent et puis des couteaux jaillissant de partout me lardèrent de coups, si bien que je retombai sur le sol de ma patrie, à tout jamais la mienne maintenant.

La fortune aux ailes de paille, la fortune m'ayant élevé pour un instant au-dessus des angoisses et des gémissements, un groupe formé de mille, caché à la faveur de ma distraction dans la poussière d'une haute montagne, un groupe fait à la lutte à mort depuis toujours, tout à coup nous étant tombé dessus comme un bolide, je retombai sur le sol dur de mon passé, passé à tout jamais présent maintenant.

La fortune encore une fois, la fortune aux draps frais m'ayant recueilli avec douceur, comme je souriais à tous autour de moi, distribuant tout ce que je possédais, tout à coup, pris par on ne sait quoi venu par en dessous et par-derrière, tout à coup, comme une poulie qui se décroche, je basculai, ce fut un saut immense, et je retombai sur le sol dur de mon destin, destin à tout jamais le mien maintenant.

La fortune encore une fois, la fortune à la langue d'huile, ayant lavé mes blessures, la fortune comme un cheveu qu'on prend et qu'on tresserait avec les siens, m'ayant pris et m'ayant uni indissolublement à elle, tout à coup comme déjà je trempais dans la joie, tout à coup la Mort vint et dit : « Il est temps. Viens. » La Mort, à tout jamais la Mort maintenant.

Un certain Plume, 1930, Gallimard.

CONTRE !

Je vous construirai une ville avec des loques, moi !
Je vous construirai sans plan et sans ciment
Un édifice que vous ne détruirez pas,
Et qu'une espèce d'évidence écumante
Soutiendra et gonflera, qui viendra vous braire au nez,
Et au nez gelé de tous vos Parthénons, vos arts arabes, et
    de vos Mings.

Avec de la fumée, avec de la dilution de brouillard
Et du son de peau de tambour,
Je vous assoirai des forteresses écrasantes et superbes,
Des forteresses faites exclusivement de remous et de
    secousses,
Contre lesquelles votre ordre multimillénaire et votre
    géométrie
Tomberont en fadaises et galimatias et poussière de sable
    sans raison.

Glas ! Glas ! Glas sur vous tous, néant sur les vivants !
Oui, je crois en Dieu ! Certes, il n'en sait rien !
Foi, semelle inusable pour qui n'avance pas.
Oh monde, monde étranglé, ventre froid !
Même pas symbole, mais néant, je contre, je contre,
Je contre et te gave de chiens crevés.
En tonnes, vous m'entendez, en tonnes, je vous arracherai
    ce que vous m'avez refusé en grammes.

Le venin du serpent est son fidèle compagnon,
Fidèle, et il l'estime à sa juste valeur.
Frères, mes frères damnés, suivez-moi avec confiance.
Les dents du loup ne lâchent pas le loup.
C'est la chair du mouton qui lâche.

Dans le noir nous verrons clair, mes frères.
Dans le labyrinthe nous trouverons la voie droite.
Carcasse, où est ta place ici, gêneuse, pisseuse, pot cassé ?
Poulie gémissante, comme tu vas sentir les cordages tendus
    des quatre mondes !
Comme je vais t'écarteler !

La Nuit remue, 1935, Gallimard.

DIMANCHE A LA CAMPAGNE

Jarrettes et Jarnetons s'avançaient sur la route débonnaire.

Darvises et Potamons folâtraient dans les champs.

Une de parmegarde, une de tarmouise, une vieille paricaridelle ramiellée et foruse se hâtait vers la ville.

Garinettes et Farfalouves devisaient allégrement.

S'éboulissant de groupe en groupe, un beau Ballus de la famille des Bormulacés rencontra Zanicovette. Zanicovette sourit, ensuite Zanicovette, pudique, se détourna.

Hélas ! la paricaridelle, d'un coup d'œil, avait tout vu.

« Zanicovette ! » cria-t-elle. Zanicovette eut peur et s'enfuit.

Le vieux soleil entouré de nuages s'abritait lentement à l'horizon.

L'odeur de la fin du jour d'été se faisait sentir faiblement, mais profondément, futur souvenir indéfinissable dans les mémoires.

Les embasses et les ranoulements de la mer s'entendaient au loin, plus graves que tout à l'heure. Les abeilles étaient déjà toutes rentrées. Restaient quelques moustiques en goupil.

Les jeunes gens, les moins sérieux du village, s'acheminèrent à leur tour vers leur maisonnette.

Le village formait sur une éminence une éminence plus découpée. Olopoutre et pailloché, avec ses petits toits égrissés et croquets, il fendait l'azur comme un petit navire excessivement couvert, surponté et brillant, brillant !

La paricaridelle excitée et quelques vieilles coquillardes, sales rides et mauvaises langues, achactées à tout, épiaient les retardataires. L'avenir contenait un sanglot et des larmes. Zanicovette dut les verser.

Lointain intérieur, 1938, Gallimard.

CLOWN

Un jour.

Un jour, bientôt peut-être.

Un jour j'arracherai l'ancre qui tient mon navire loin des mers.

Avec la sorte de courage qu'il faut pour être rien et rien que rien, je lâcherai ce qui paraissait m'être indissolublement proche.

Je le trancherai, je le renverserai, je le romprai, je le ferai dégringoler.

D'un coup dégorgeant ma misérable pudeur, mes misérables combinaisons et enchaînements « de fil en aiguille ».

Vidé de l'abcès d'être quelqu'un, je boirai à nouveau l'espace nourricier.

A coups de ridicules, de déchéances (qu'est-ce que la déchéance ?), par éclatement, par vide, par une totale dissipation-dérision-purgation, j'expulserai de moi la forme qu'on croyait si bien attachée, composée, coordonnée, assortie à mon entourage et à mes semblables, si dignes, si dignes, mes semblables.

Réduit à une humilité de catastrophe, à un nivellement parfait comme après une intense trouille.

Ramené au-dessous de toute mesure à mon rang réel, au rang infime que je ne sais quelle idée-ambition m'avait fait déserter.

Anéanti quant à la hauteur, quant à l'estime.

Perdu en un endroit lointain (ou même pas), sans nom, sans identité.

CLOWN, abattant dans la risée, dans le grotesque, dans l'esclaffement, le sens que contre toute lumière je m'étais fait de mon importance.

Je plongerai.

Sans bourse dans l'infini-esprit sous-jacent ouvert à tous, ouvert moi-même à une nouvelle et incroyable rosée

à force d'être nul

et ras...

et risible...

Peintures, 1939, Gallimard.

FRANCIS PONGE (né en 1899)

Il naît le 27 mars 1899 à Montpellier, dans une famille de tradition huguenote, érudite et curieuse des arts. Études au lycée de Caen, suivies d'une année d'hypokhâgne à Louis-le-Grand. Après avoir commencé des études supérieures de droit et de philosophie, il est mobilisé en 1918, et s'inscrit l'année suivante au parti communiste. Il s'intéresse déjà de près à la littérature — un premier poème a été publié en revue en 1916 —, rencontre Jacques Rivière et Jean Paulhan, responsables de la *Nouvelle Revue française*, qui accueillera certains de ses textes, avant de devenir en 1923 secrétaire de fabrication aux éditions Gallimard, qui publieront en 1926 son premier recueil, *Douze petits écrits*. Il adhère en 1930 au mouvement surréaliste, et entre l'année suivante aux Messageries Hachette ; il vit alors difficilement, s'inscrit à nouveau au parti communiste en 1937, et écrit avec régularité les textes qui composeront *Le Parti pris des choses*, terminé en 1939 et publié trois ans plus tard. Après la défaite, l'exode le conduit à Saint-Étienne ; collaborateur du *Progrès de Lyon*, il devient en 1942 chef de centre de ce journal à Bourg-en-Bresse, tout en participant à la Résistance dans le sud de la France. De retour à Paris à la Libération, il s'installe rue Lhomond. Son activité de création est alors intense ; il quitte définitivement le parti communiste en 1947 et devient en 1952 professeur à l'Alliance française où il restera jusqu'à sa retraite en 1964 (en 1966-1967, il sera encore nommé « Visiting professor » à l'université de Columbia). Il fait au cours de cette période de nombreux voyages et conférences — en France, en Belgique, en Allemagne —, et s'installe en 1961 près de Grasse. Dans les années soixante-dix, spectacles et expositions sont organisés autour de son œuvre, à laquelle s'intéressent de plus en plus les universitaires (cf. le colloque « Ponge inventeur et classique », qui s'est tenu au Centre international de Cerisy-la-Salle en 1975). Son œuvre s'est encore très récemment enrichie, avec la parution, en 1984, de *Pratiques d'écriture, ou l'Inachèvement perpétuel*.

D'une remarquable continuité, l'œuvre de Francis Ponge présente peu d'évolutions sinon dans la prise de conscience progressive des implications d'un même projet initial, celui d'une œuvre poétique qui s'en tienne aux choses. Ce choix participe d'un matérialisme explicite et hautement revendiqué : il est en réalité un pari anti-humaniste, qui pousse le poète à « prendre le parti des choses contre les hommes » (J.-P. Sartre, *Situations, I*). Ponge considère que la poésie a suffisamment erré dans les complaisances senti-mentales et les facilités idéalistes, qu'elle peut trouver de nouveaux motifs de ferveur et gagner en vérité en explorant le domaine encore vierge des « choses », ce « monde muet » qui est « notre seule patrie » *(Pour un Malherbe)*. La démarche du poète prend donc volontiers des allures scientifiques : il éprouve la réalité de l'objet, en interroge la présence, en décrit la forme, la consistance, l'organisation, au moyen d'un langage précis qui semble viser à s'abolir dans la simple désignation de ce qui est. Mais l'objectivité du discours est impossible, dans la mesure même où l'objet, par sa matérialité, résiste aux tentatives du langage ; le poète-spectateur se prend donc à rêver sur ce qu'il contemple, l'imagination se met de la partie, et la « chose » devient un microcosme structuré par la sensibilité de l'écrivain ; c'est elle qui choisit les images, donne une coloration érotique ou cosmogonique à beaucoup d'évocations, introduit l'humour, et fait que ces textes apparemment descriptifs rejoignent naturellement l'esthétique métamorphosante et suggestive des *Choses vues* hugoliennes. La rêverie se porte également sur le langage : le poème, ne parvenant pas à se projeter vers la chose, reflue vers lui-même et se constitue comme univers de mots. Échec fécond : dans ce mouvement de retour du langage sur lui-même se constitue ce que le poète appelle « objeu », c'est-à-dire objet ludi-que, le « jeu » étant dans l'écart « mécanique » qui sépare le mot de la chose, autant que dans le principe de plaisir qu'il permet de mettre en œuvre. Le « PARTI PRIS DES CHOSES » ne va donc pas sans le « COMPTE TENU DES MOTS » *(Méthodes)* : celui-ci commande un souci d'exactitude, de justesse, qui fait bon ménage avec les appels sémantiques et les jeux de l'homophonie. Les poè-mes de Ponge sont de ce fait souvent comparables à des labyrin-thes à plusieurs entrées, dans lesquels l'expression se porte tantôt vers la chose, et tantôt vers le langage. Le recours au dictionnaire — que Ponge dit utiliser avec constance — permet ce double niveau d'élaboration du poème : s'il assure la juste utilisation des termes, il permet aussi de découvrir des réseaux d'associations sémantiques et lexicales qui nourrissent l'imagination du poète. A la fois opaques et transparents aux choses, les poèmes de Ponge présentent ainsi une surface et une profondeur, des plans de per-ception différenciés qui en font autant d'« objets » réels, offerts à l'investigation — elle aussi curieuse et « scientifique » — du lec-teur : « Pour qu'un texte puisse d'aucune manière prétendre ren-dre compte d'une réalité du monde concret (ou spirituel), il faut d'abord qu'il atteigne à la réalité dans son propre monde, celui des textes » *(Pour un Malherbe)*. L'attention portée au langage fait de Ponge un poète critique de son œuvre ; celle-ci ne se développe que dans le mouvement par lequel elle s'interroge, au point que cer-

tains ouvrages, comme *Pour un Malherbe*, ne sont qu'une suite
d'ébauches infiniment reprises. Ponge « [se] regarde écrire »
(ibid.), et par cette lucidité de tous les instants revendique une
esthétique « classique » ; il se veut artisan du mot, refusant le
mythe de l'inspiration au profit d'une « méthode » de travail ; il a
le désir, tout classique, de purifier la langue, de la « restaurer » à
la façon d'un Malherbe : « Redonner à la langue l'ordre et la force
qu'il lui donna, voilà le seul but d'un tempérament à ressources »
(ibid.). De Malherbe, Ponge retient aussi l'idéal d'une vibration
harmonique du poème : autant que la justesse des mots, c'est
l'architecture du texte qui importe, ses lignes de force et leurs relations qui doivent lui donner sa « haute tension » ; non celle de
« l'arc bandé, ni la vibration de la flèche : mais [celle d'] un monument qui résonne » ; le poème est « parole, ordre et *calme* : monument à trois dimensions, harmonie » *(ibid.)*. Le paradoxe de cette
esthétique « apollinienne » est qu'elle passe le plus souvent par le
genre peu codifié du poème en prose ; Ponge l'a choisi pour récuser les classifications littéraires préalables autant que les enjolive-
ments et séductions formelles de la tradition poétique ; il a exploité
la liberté qu'il offre en en faisant un foyer, un creuset de mouvements contraires qui s'équilibrent : désir du monde et désir des
mots, refus et manifestation de la subjectivité, choix du prosaïsme
et rêverie poétique s'y conjoignent en une unité tendue.

Principaux recueils : *Le Parti pris des choses* (1942) ; *Proêmes*
(1948) ; *La Rage de l'expression* (1952) ; *Le Grand Recueil*
(1961) ; *Le Savon* (1967) ; *La Fabrique du pré* (1971).

A consulter : Francis Ponge, *Méthodes,* Gallimard, coll.
« Idées/nrf », 1961, et *Pour un Malherbe*, Gallimard, 1965 ; Marcel Spada, *Francis Ponge,* Seghers, coll. « Poètes d'aujourd'hui »,
1974 ; J. Thibaudeau, *Ponge,* Gallimard, coll. « Pour une bibliothèque idéale », 1967.

LE PAIN

La surface du pain est merveilleuse d'abord à cause de
cette impression quasi panoramique qu'elle donne :
comme si l'on avait à sa disposition sous la main les Alpes,
le Taurus[1] ou la Cordillère des Andes.

1. Chaîne de montagnes de l'Asie Mineure.

Ainsi donc une masse amorphe en train d'éructer fut glissée pour nous dans le four stellaire, où durcissant elle s'est façonnée en vallées, crêtes, ondulations, crevasses... Et tous ces plans dès lors si nettement articulés, ces dalles minces où la lumière avec application couche ses feux, — sans un regard pour la mollesse ignoble sous-jacente.

Ce lâche et froid sous-sol que l'on nomme la mie a son tissu pareil à celui des éponges : feuilles ou fleurs y sont comme des sœurs siamoises soudées par tous les coudes à la fois. Lorsque le pain rassit ces fleurs fannent et se rétrécissent : elles se détachent alors les unes des autres, et la masse en devient friable...

Mais brisons-la : car le pain doit être dans notre bouche moins objet de respect que de consommation.

Le Parti pris des choses, 1942, Gallimard.

LE CAGEOT

A mi-chemin de la cage au cachot la langue française a cageot, simple caissette à claire-voie vouée au transport de ces fruits qui de la moindre suffocation font à coup sûr une maladie.

Agencé de façon qu'au terme de son usage il puisse être brisé sans effort, il ne sert pas deux fois. Ainsi dure-t-il moins encore que les denrées fondantes ou nuageuses qu'il enferme.

A tous les coins de rues qui aboutissent aux halles, il luit alors de l'éclat sans vanité du bois blanc. Tout neuf encore, et légèrement ahuri d'être dans une pose maladroite à la voirie jeté sans retour, cet objet est en somme des plus sympathiques, — sur le sort duquel il convient toutefois de ne s'appesantir longuement.

Le Parti pris des choses, 1942, Gallimard.

LE GALET

[...] Les plus gros fragments, dalles à peu près invisibles sous les végétations entrelacées qui s'y agrippent autant par religion que pour d'autres motifs, constituent l'ossature du globe.

Ce sont là de véritables temples : non point des constructions élevées arbitrairement au-dessus du sol, mais les restes impassibles de l'antique héros qui fut naguère véritablement au monde.

Engagé à l'imagination de grandes choses parmi l'ombre et le parfum des forêts qui recouvrent parfois ces blocs mystérieux, l'homme par l'esprit seul suppose là-dessous leur continuité.

Dans les mêmes endroits, de nombreux blocs plus petits attirent son attention. Parsemées sous bois par le Temps, d'inégales boules de mie de pierre, pétries par les doigts sales de ce dieu.

Depuis l'explosion de leur énorme aïeul, et de leur trajectoire aux cieux abattus sans ressort, les rochers se sont tus.

Envahis et fracturés par la germination, comme un homme qui ne se rase plus, creusés et comblés par la terre meuble, aucun d'eux devenus incapables d'aucune réaction ne pipe plus mot.

Leurs figures, leurs corps se fendillent. Dans les rides de l'expérience la naïveté s'approche et s'installe. Les roses s'assoient sur leurs genoux gris, et elles font contre eux leur naïve diatribe. Eux les admettent. Eux, dont jadis la grêle désastreuse éclaircit les forêts, et dont la durée est éternelle dans la stupeur et la résignation.

Ils rient de voir autour d'eux suscitées et condamnées tant de générations de fleurs, d'une carnation d'ailleurs quoi qu'on dise à peine plus vivante que la leur, et d'un rose aussi pâle et aussi fané que leur gris. Ils pensent (comme des statues sans se donner la peine de le dire) que ces teintes sont empruntées aux lueurs des cieux au soleil couchant, lueurs elles-mêmes par les cieux essayées tous les soirs en mémoire d'un incendie bien plus éclatant, lors de ce fameux cataclysme à l'occasion duquel projetés violemment dans les airs, ils connurent une heure de liberté magnifique terminée par ce formidable atterrement. Non

loin de là, la mer aux genoux rocheux des géants specta-
teurs sur ses bords des efforts écumants de leurs femmes
abattues, sans cesse arrache des blocs qu'elle garde, étreint,
balance, dorlote, ressasse, malaxe, flatte et polit dans ses
bras contre son corps ou abandonne dans un coin de sa
bouche comme une dragée, puis ressort de sa bouche, et
dépose sur un bord hospitalier en pente douce parmi un
troupeau déjà nombreux à sa portée, en vue de l'y reprendre bientôt pour s'en occuper plus affectueusement, pas-
sionnément encore.

Cependant le vent souffle. Il fait voler le sable. Et si
l'une de ces particules, forme dernière et la plus infime de
l'objet qui nous occupe, arrive à s'introduire réellement
dans nos yeux, c'est ainsi que la pierre, par la façon
d'éblouir qui lui est particulière, punit et termine notre
contemplation.

La nature nous ferme ainsi les yeux quand le moment
vient d'interroger vers l'intérieur de la mémoire si les ren-
seignements qu'une longue contemplation y a accumulés ne
l'auraient pas déjà fournie de quelques principes. [...]

Le Parti pris des choses, 1942, Gallimard.

LA GRENOUILLE

Lorsque la pluie en courtes aiguillettes rebondit aux prés
saturés, une naine amphibie, une Ophélie manchote, grosse
à peine comme le poing, jaillit parfois sous les pas du poète
et se jette au prochain étang.

Laissons fuir la nerveuse. Elle a de jolies jambes. Tout
son corps est ganté de peau imperméable. A peine viande
ses muscles longs sont d'une élégance ni chair ni poisson.
Mais pour quitter les doigts la vertu du fluide s'allie chez
elle aux efforts du vivant. Goitreuse, elle halète... Et ce
cœur qui bat gros, ces paupières ridées, cette bouche
hagarde m'apitoient à la lâcher.

Pièces, 1961, Gallimard.

• « Parti Pris des Choses » et « Compte Tenu des Mots »

« Le jour où l'on voudra bien admettre comme sincère et *vraie* la déclaration que je fais à tout bout de champ que je ne me veux pas poète, que *j'utilise* le magma poétique *mais* pour m'en débarrasser, que je tends plutôt à la conviction qu'aux charmes, qu'il s'agit pour moi d'aboutir à des formules *claires*, et *impersonnelles*,

on me fera plaisir,

on s'épargnera bien des discussions oiseuses à mon sujet, etc.

Je tends à des définitions-descriptions rendant compte du contenu actuel des notions,

— pour moi et pour le Français de mon époque (à la fois *à la page* dans le livre de la Culture, et honnête, authentique dans sa lecture en lui-même).

Il faut que mon livre remplace : 1° le dictionnaire encyclopédique, 2° le dictionnaire étymologique, 3° le dictionnaire analogique (il n'existe pas), 4° le dictionnaire de rimes (de rimes intérieures, aussi bien), 5° le dictionnaire des synonymes, etc., 6° toute poésie lyrique à partir de la Nature, des objets, etc.

Du fait seul de vouloir rendre compte du *contenu entier de leurs notions*, je me fais tirer, *par les objets*, hors du vieil humanisme, hors de l'homme actuel et en avant de lui. J'ajoute à l'homme les nouvelles qualités que je nomme.

Voilà *Le Parti Pris des Choses*.

Le Compte Tenu des Mots fait le reste… Mais la poésie ne m'intéresse pas comme telle, dans la mesure où l'on nomme actuellement poésie le magma analogique brut. Les analogies, c'est intéressant, mais moins que les différences. Il faut, à travers les analogies, saisir la qualité différentielle. Quand je dis que l'intérieur d'une noix ressemble à une praline, c'est intéressant. Mais ce qui est plus intéressant encore, c'est leur différence. Faire éprouver les analogies, c'est quelque chose. Nommer la qualité différentielle de la noix, voilà le but, le progrès. »

Méthodes, Gallimard.

• La double épaisseur des choses et des mots

« Je propose à chacun l'ouverture de trappes intérieures, un voyage dans l'épaisseur des choses, une invasion de qualités, une révolution ou une subversion comparable à celle qu'opère la charrue ou la pelle, lorsque, tout à coup et pour la première fois, sont mises au jour des millions de parcelles, de paillettes, de racines, de vers et de petites bêtes jusqu'alors enfouies. O ressources infinies de l'épaisseur des choses, *rendues* par les ressources infinies de l'épaisseur sémantique des mots ! »

Proêmes, Gallimard.

• Donner la parole à la *féminité* du monde

« Nous donnons la parole à la *féminité* du monde. Nous délivrons le monde. Nous désirons que les choses se délivrent, en dehors (pour ainsi dire) de nous. Nous les invitons, par notre seule présence, les provoquons, les incitons à se connaître, à se révéler, à s'exprimer. La parole doit se faire humble, se mettre à leur disposition, pourrir à leur profondeur. Nous suivons leurs contours, nous les invitons à se parcourir, à jouir, à jubiler d'elles-mêmes. Nous les engrossons alors. Voilà notre art poétique, et notre spécialité érotique : notre méthode particulière. Personne, jamais, ne les a ainsi invitées à s'accepter dans tous leurs détails, selon leur nature exacte, selon les moindres contours de leur forme, tout entières rendues turgescentes, non seulement justifiées, mais jubilantes. »

Pour un Malherbe, Gallimard.

- **Pour une étude du « Galet »**

1. Une tentative pour dire l'objet : le refus de l'invocation et de l'évocation ; la description de la chose par elle-même, en dehors de la conscience de l'observateur : précision « scientifique » du langage, caractère mimétique de l'expression, désir de compréhension « cosmologique » du « galet ».

2. La rêverie sur l'objet ou le « voyage dans l'épaisseur des choses » *(Proêmes)* : l'investigation d'une double profondeur, spatiale et temporelle. La dialectique de la surface et de la profondeur : dépréciation de la végétation, qui a partie liée avec le temps ; ambivalence de la pierre, qui combine mort présente et vie passée ; statut mixte de la mer, qui associe captation et perte, intériorité et extériorité.

3. Le retour du langage sur lui-même : l'apparition progressive d'une situation d'observation et d'énonciation, conjointe à une généralisation de l'objet observé (« la nature »). L'« objeu » : les réminiscences littéraires (Hugo ; Mallarmé ; Valéry : « Cependant le vent souffle. Il fait voler le sable »), le jeu sur les doubles sens (« motifs » ; « par religion » ; « de grandes choses » ; « la grêle désastreuse »...) ; l'évocation du « galet » comme métaphore du texte écrit ; le travail de la mer, image du travail du poète (arrachement, préservation, polissage, abandon).

JEAN FOLLAIN (1903-1971)

Il naît le 29 août 1903 à Canisy (Manche) ; ce pays dans lequel il reviendra passer ses vacances marquera profondément sa sensibilité. Après s'être passionné très tôt pour l'histoire et la littérature, il commence des études de droit à la faculté de Caen et s'installe à Paris en 1925. Trois ans plus tard, il s'inscrit comme avocat au barreau de Paris. Il fréquente alors les milieux littéraires en marge du surréalisme, rencontre Reverdy, Max Jacob, Georges Braque, Guillevic. Il partage sa vie entre son métier, les relations mondaines ou amicales — il fréquente avec assiduité les petits restaurants de la capitale —, et l'écriture ; il collabore à plusieurs revues, publie son premier recueil de poèmes, *La Main chaude,* en 1933, épouse en 1934 Madeleine Denis (en peinture Madeleine Dinès), fille du peintre Maurice Denis, et reçoit le prix Mallarmé en 1939. *Usage du temps* paraît en 1943, réunissant plusieurs recueils antérieurs. Il quitte le barreau en 1951 pour devenir magistrat à Charleville, fonction qu'il abandonnera en 1959. Il fait de nombreux voyages à travers le monde et participe avec régularité à la vie littéraire parisienne. Il meurt le 10 mars 1971, renversé par une automobile sur le quai des Tuileries.

« Au fond du temps verdoie un merveilleux silence / fait avec les bourgs, les villes et les coteaux » *(Exister)* : la poésie de Jean Follain n'a cessé de répondre à cet appel des choses familières et immobiles conservées par la mémoire. Il n'y a ni violence ni effraction dans sa tentative : il nous introduit d'un coup au cœur d'un univers où nous nous reconnaissons. On n'a pas sans raison évoqué Chardin à propos de cette poésie : circonscrits par un titre qui assure d'avance leur unité, ces textes brefs sont eux-mêmes des objets rassurants posés sur la page, préservant dans l'écrin du souvenir et de la sensation « ce qui rassure / et dort au cœur de la chose » *(Territoires).* Follain, qui n'a pas mené de recherches théoriques sur la poésie, a refusé aussi bien le lyrisme que les grandes manipulations surréalistes du langage ; il s'est voulu le scribe ou le greffier d'un monde inscrit pour être préservé ; c'est dire la confiance qu'il fait au langage. Et pourtant, cette immobilité des choses et cette transparence des mots ne sont-elles pas des ruses ? Follain crée le plaisir de la reconnaissance, le sentiment du « déjà vu » à propos d'un monde qui reste obstinément mystérieux : « Où gis-tu, secret du monde / à l'odeur si puissante ? » *(Exister)*. Volatiles et capiteuses, les choses n'existent en réalité qu'à la limite d'elles-mêmes ; elles retiennent autant qu'elles dévoilent, elles sont faites de tensions imperceptibles et de frémissements cachés. L'homme inscrit ses espoirs ou ses déceptions dans ce jeu de forces, et le tragique colore plus d'une fois ces petites cosmogonies intimes, ces miniatures où les drames de l'existence se lisent dans quelque geste ou quelques mots ténus.

Principaux recueils : *Usage du temps* (1943) ; *Exister* (1947) ; *Territoires* (1953) ; *Appareil de la terre* (1964) ; *Espaces d'instants* (1971).

A consulter : André Dhôtel, *Jean Follain,* Seghers, coll. « Poètes d'aujourd'hui », 1972 ; numéro spécial « Jean Follain » de la revue *Sud,* 1979 ; *Lire Follain,* Presses Universitaires de Lyon, 1982.

QUINCAILLERIE

Dans une quincaillerie de détail en province
des hommes vont choisir
des vis et des écrous
et leurs cheveux sont gris et leurs cheveux sont roux
ou roidis ou rebelles.
La large boutique s'emplit d'un air bleuté,
dans son odeur de fer
de jeunes femmes laissent fuir
leur parfum corporel.
Il suffit de toucher verroux et croix de grilles
qu'on vend là virginales
pour sentir le poids du monde inéluctable.

Ainsi la quincaillerie vogue vers l'éternel
et vend à satiété
les grands clous qui fulgurent.

Usage du temps, 1943, Gallimard.

LES JARDINS

S'épuiser à chercher le secret de la mort
fait fuir le temps entre les plates-bandes
des jardins qui frémissent
dans leurs fruits rouges
et dans leurs fleurs.
L'on sent notre corps qui se ruine
et pourtant sans trop de douleurs.
L'on se penche pour ramasser
quelque monnaie qui n'a plus cours
cependant que s'entendent au loin
des cris de fierté ou d'amour.
Le bruit fin des râteaux
s'accorde aux paysages
traversés par les soupirs
des arracheuses d'herbes folles.

Exister, 1947, Gallimard.

APPARITION DE LA VIEILLE

L'escalier craquait sous son pas
son dos ployait
sous la ramée.
C'était la vieillarde ridée
des contes de veillée
à la chaumière intacte.
Parfois elle revient dans la nuit de nos cœurs
couchés dans une ville ardente
son pain a la couleur des siècles
ses escabeaux et ses écuelles
forment le mobilier que gardent
les fins greniers
de nos mémoires.

Exister, 1947, Gallimard.

ÉGLOGUE

Dans la maison refermée
il fixe un objet dans le soir
et joue à ce jeu d'exister
un fruit tremble
au fond du verger
des débris de modes pompeuses
où pendent les dentelles
des morts
flottent en épouvantail à l'arbre
que le vent fait gémir
mais sur un chêne foudroyé
l'oiseau n'a pas peur de chanter
un vieillard a posé sa main
à l'endroit d'un jeune cœur
voué à l'obéissance.

Territoires, 1953, Gallimard.

PAYSAGE HUMAIN

O paysage humain
une femme y entre puis en sort
et sourit vers l'horizon
alors on revoit les arbres
la plaine
et la route dure
la maison avec ses nids
la bête un peu alarmée
qui boit le lait sous la lune
avec un bruit si léger
puis revoilà le corsage
et la corps de la beauté.

Territoires, 1953, Gallimard.

JEAN TARDIEU (né en 1903)

Il naît en 1903 à Saint-Germain-de-Joux (Jura), dans une famille d'artistes. Il poursuit ses études à Paris, au lycée Condorcet et à la Sorbonne, et publie ses premiers poèmes en 1927 dans la *Nouvelle Revue française* — son premier recueil, *Le Fleuve caché*, paraîtra en 1933. Rédacteur aux Musées nationaux puis chez Hachette jusqu'en 1939, mobilisé cette même année, il collabore aux éditions clandestines de la Résistance et entre, à la Libération, à la Radiodiffusion française où il exercera diverses fonctions de direction. L'activité poétique n'est qu'un versant de son œuvre, tournée aussi vers le théâtre, la traduction, la réflexion critique.

« L'aspect des choses plonge et se joue entre la présence et l'absence. Tout ce que je touche a sa moitié de pierre et sa moitié d'écume » *(La Part de l'ombre)* : cette perception ambivalente du monde n'a cessé d'orienter l'œuvre de Jean Tardieu, qui semble exploiter indéfiniment l'image des eaux résurgentes du Rhône et de la Valserine dans la région lyonnaise où, enfant, il venait passer ses vacances. Son premier recueil n'a-t-il pas pour titre *Le Fleuve caché* ? Six ans plus tard, *Accents* sera l'occasion d'une lucidité définitive : « L'instable est mon repos. » Le poème est donc une façon d'apprivoiser sans le réduire ce qui se cache et qui pourtant ne cesse de bouger dans le monde ; ce « mystère de l'apparition et de l'évanouissement des objets » sera d'autant mieux capté par « certains mots [...] tellement élimés, distendus, que l'on peut voir le jour au travers » *(Le Témoin invisible)*. Le tissu presque rompu du langage réduit le poème au « souffle sans visage » que Jean Tardieu évoque dans *Une Voix sans personne* ; mais il permet aussi, à l'inverse, d'accepter la voix de l'autre, du double, ou du lecteur qui peut ainsi « devenir complice du jeu » *(Monsieur Monsieur)*. A ce point la poétique de Jean Tardieu rejoint l'écriture théâtrale ; le poème se fait scène du langage, du moi et du monde ; l'angoisse d'être s'y libère « au carrefour du Burlesque et du Lyrique » *(Monsieur Monsieur)*, et s'y dépasse dans une catharsis théâtrale.

Principaux recueils : *Le Fleuve caché* (1933) ; *Monsieur Monsieur* (1951) ; *Une Voix sans personne* (1954) ; *Formeries* (1976).

A consulter : Émilie Noulet, *Jean Tardieu,* Seghers, coll. « Poètes d'aujourd'hui », 1964, rééd. 1978 ; Paul Vernois, *La Dramaturgie poétique de Jean Tardieu,* Klincksieck, 1982 ; Jean Onimus, *Jean Tardieu, un rire inquiet,* Champ Vallon, coll. « Champ poétique », 1985.

FEINTES NÉCESSAIRES

J'appuie et creuse en pensant aux ombres,
je passe et rêve en pensant au roc :

Fidèle au bord des eaux volages
j'aime oublier sur un sol éternel.

Je suis changeant sous les fixes étoiles
mais sous les jours multiples je suis un.

Ce que je tiens me vient de la flamme,
ce qui me fuit se fait pierre et silence.

Je dors pour endormir le jour. Je veille
la nuit, comme un feu sous la cendre...

Ma différence est ma nécessité !
Qui que tu sois, terre ou ciel, je m'oppose,

car je pourchasse un ennemi rebelle
ruse pour ruse et feinte pour feinte !

Ô châtiment de tant de combats,
Ô seul abîme ouvert à ma prudence :

Vais-je mourir sans avoir tué l'Autre
qui règne et se tait dans ses profondeurs ?

Le Témoin invisible, 1943, Gallimard.

LE CARREFOUR

Quand donc restai-je seul, sur quelle place
où le vent près de moi passa si vite
que je ne pus reconnaître sa voix
ni prendre au vol les mots qu'il emportait ?

Là, c'était là dans un temps près de naître
par ma mémoire avec peine arraché
aux chocs mortels des jours discontinus,
c'était bien là qu'autrefois ou demain
s'ouvre au regard et pèse dans la main
le vrai silence élu, la nuit finale
communiquée aux pierres par les ombres.

Le Témoin invisible, 1943, Gallimard.

LA MÔME NÉANT

(Voix de marionnette, voix de fausset,
aiguë, nasillarde, cassée, cassante, caquetante, édentée.)

Quoi qu'a dit ?
— A dit rin.

Quoi qu'a fait ?
— A fait rin.

Λ quoi qu'a pense ?
— A pense à rin.

Pourquoi qu'a dit rin ?
Pourquoi qu'a fait rin ?
Pourquoi qu'a pense à rin ?

— A'xiste pas.

Monsieur Monsieur, 1951, Gallimard.

COMME SI...[1]

Comme si les cailloux roulaient sans mon regard
depuis cent mille et cent mille années,
comme si je n'étais pas né pour savoir
ce que racontent les sillages des navires
les ornières des routes la Voie Lactée les veines obliques de
    la terre
et les secrets gardés par les tombeaux,
comme si hors de moi tu montais ô superbe
ô triomphe ô soleil
dans tes maisons de mort et la désolation du ciel pâle,
comme si rien n'était pour mes yeux pour mes pas pour mes
    lèvres
et comme si personne au monde n'était là
pour descendre des monts à ma rencontre
dans un frémissement de troupeaux et de battements
    d'oriflammes
et de mains vers mes mains et de voix par le soir et la
    fumée,
comme si je n'étais jamais venu dans ce royaume !...
Comme si tu vivais pour renaître ô ma vie
sans fin tout autour de toi-même à la façon
du cycle des saisons des songes du sommeil,
comme si j'étais là depuis l'aurore de ce monde
pour protéger les premiers souffles
tremblant sur les prairies, comme si
j'allais d'un pas de père ardent et calme
dans le sens du destin vers l'accomplissement,
comme si je n'avais redouté ni cette heure
présente, avec sa charge de futur ni la mémoire
des supplices dans les marais ensevelis pour le seul
    murmure des roseaux
ni la dernière fleur avant la nuit totale,
comme si j'étais là pour toujours !

Une Voix sans personne, 1954, Gallimard.

---

1. Ce poème et celui qui le suit dans le recueil, groupés sous le titre *Comme si et quand bien même,* sont présentés par Jean Tardieu comme des « Variations sur deux locutions mallarméennes ».

EUGÈNE GUILLEVIC (né en 1907)

Il naît le 5 août 1907 à Carnac (Morbihan), dont les paysages façonneront profondément sa sensibilité. Enfance solitaire, pauvre et rude. Le père, après avoir été marin, s'engage dans la gendarmerie ; au gré de ses affectations, la famille émigre dans le Nord, revient en Bretagne, s'installe en 1919 dans le Haut-Rhin. Pendant toutes ces années, Guillevic trouve un réconfort à sa solitude dans la camaraderie, la foi religieuse, et la littérature qu'il découvre avec passion. Après la fin tragique d'une aventure sentimentale qui le marque pour toujours, et l'achèvement de ses études secondaires, il prépare et réussit en 1926 un concours de l'Enregistrement (il achèvera en 1963 sa carrière administrative comme inspecteur de l'Économie nationale). Nommé à Paris, où il s'installe définitivement en 1935, il publie trois ans plus tard son premier recueil, *Requiem,* après avoir fait la rencontre de Jean Follain. Son œuvre prend corps avec *Terraqué,* publié par les éditions Gallimard en 1942, à une époque où le poète s'est engagé dans les rangs du parti communiste, dont il s'éloignera dans les années quatre vingt. Depuis *Carnac,* paru en 1960 après une période de silence d'environ six ans, les recueils se sont multipliés.

Dès la publication de *Terraqué* en 1942, la poétique de Guillevic s'impose dans sa visée matérialiste : comme Francis Ponge dont *Le Parti pris des choses* paraît la même année, le poète se tourne résolument vers le monde des choses et des matières, dont il veut comprendre le secret, certain de « voir sur chaque objet/Que tout détail est aventure » *(Exécutoire).* Les mots cependant ne font qu'approcher le réel, sur le mode de l'interrogation plus que de la certitude : le monde est opaque, la réalité est rugueuse, ne se donne pas mais se refuse hautainement, comme les pierres levées de Carnac. Hanté par la figure des murs et par toutes les formes de la séparation, Guillevic qui rêve de « voir le dedans » *(Exécutoire),* se trouve relégué dans la souffrance du dehors. Exclu mais tenace, il exorcise ses peurs par des « rites », « manies » et autres « formules » *(Exécutoire),* et tente d'apprivoiser le réel non par une tentative cosmologique mais en en éprouvant le mystère : le flux du langage, perpétuellement brisé, semble épouser le silence des choses ; l'écriture, segmentée, affleure le réel comme la vague fait des

rocs ; du même coup, le poème, disposé en hauteur, se dresse verti-
calement comme un empilement de mots stratifiés : « Le poème
est là/Où les mots sont debout » *(Inclus)*. Parole érigée et pourtant
précaire : si « les mots, / C'est pour savoir » *(Exécutoire)*, le poète
n'en ressent pas moins que « toute langue/Est étrangère » *(Terraqué)* ; au moi du poète, elle refuse le lyrisme ; au monde elle refuse
le jeu des images. Double privation qui fonde une esthétique du
silence et de la retenue : entre les mots inscrits bâillent de lourds
secrets.

Principaux recueils : *Terraqué* (1942) ; *Exécutoire* (1947) ;
Trente et un sonnets (1954) ; *Carnac* (1961) ; *Sphère* (1963) ; *Avec*
(1966) ; *Euclidiennes* (1967) ; *Du Domaine* (1977) ; *Trouées*
(1981) ; *Requis* (1983).

A consulter : Jean Tortel, *Guillevic,* Seghers, 1962, coll. « Poètes d'aujourd'hui » ; Jean Dubacq, *Guillevic,* éd. de la Tête de
feuilles, 1972 ; Jean Pierrot, *Guillevic ou la sérénité gagnée,*
Champ Vallon, coll. « Champ poétique », 1984 ; *Lire Guillevic,*
Presses Universitaires de Lyon, 1983.

LES ROCS

I

Ils ne le sauront pas les rocs,
Qu'on parle d'eux.

Et toujours ils n'auront pour tenir
Que grandeur.

Et que l'oubli de la marée,
Des soleils rouges.

II

Ils n'ont pas le besoin du rire
Ou de l'ivresse.

Ils ne font pas brûler
Du soufre dans le noir.

Car jamais
Ils n'ont craint la mort.

De la peur
Ils ont fait un hôte.

Et leur folie
Est clairvoyante.

III

Et puis la joie

De savoir la menace
Et de durer.

Pendant que sur les bords,
De la pierre les quitte

Que la vague et le vent grattaient
Pendant leur sieste.

IV

Il n'ont pas à porter leur face
Comme un supplice.

Ils n'ont pas à porter de face
Où tout se lit.

V

La danse est en eux,
La flamme est en eux,
Quand bon leur semble.

Ce n'est pas un spectacle devant eux,
C'est en eux.

C'est la danse de leur intime
Et lucide folie.

C'est la flamme en eux
Du noyau de braise.

VI

Ils n'ont pas voulu être le temple
Où se complaire.

Mais la menace est toujours là
Dans le dehors.

Et la joie
Leur vient d'eux seuls,

Que la mer soit grise
Ou pourrie de bleue.

VII

Ils sentent le dehors,
Ils savent le dehors.

Peut-être parfois l'auront-ils béni
De les limiter :

La toute puissance
N'est pas leur faible.

VIII

Parfois dans leur nuit
C'est un grondement
Qui longtemps résonne.

Et leur grain se noie
Dans un vaste effroi :

Ils ne savaient plus
Qu'ils avaient une voix.

IX

Il arrive qu'un bloc
Se détache et tombe,

Tombe à perdre haleine
Dans la mer liquide.

Ils n'étaient donc bien
Que des blocs de pierre,

Un lieu de la danse
Que la danse épuise.

X

Mais le pire est toujours
D'être en dehors de soi
Quand la folie
N'est plus lucide.

D'être le souvenir d'un roc et l'étendue
Vers le dehors et vers le vague.

Terraqué, 1942, Gallimard.

PINS

Pins qui restez debout à crier, malhabiles,
Sur l'étendue des landes

Où rien ne vous entend que l'espace en vous-mêmes
Et peut-être un oiseau qui fait la même chose —

Lorsque vous avez l'air d'être ailleurs, occupés,
Livrés à tous les ciels qui sont livrés aux vents,

C'est pour mieux retenir le silence et le temps,
Et vous continuez à ne pas abdiquer,

Et vous êtes pareils
Aux hommes dans la ville.

Avec, 1966, Gallimard.

• **Pour une étude des « Rocs »**

1. Les rocs, des blocs de négativité ; l'importance des négations, dès le début du texte : déni de la parole poétique et refus du savoir ; l'impossibilité de la description et l'érosion du langage : registre souvent oral, langue familière, pauvreté du mètre (le vers dit « libre » renvoie ici plutôt à une impuissance) et de la rime (qui ne s'établit qu'au prix d'une répétition de mots).

2. L'être des rocs : une essence inaltérable, faite d'une matérialité continue et hors du temps. Les effets de substantification créés par l'article défini (« le besoin », « le dehors », « le vague »...), par l'emploi du partitif et la faiblesse de la caractérisation. La massivité des rocs : une intériorité sans secret autre que la préservation de la « flamme » originelle : continuité cosmogonique et principe de jubilation dionysiaque.

3. Les rocs, miroir inverse des angoisses de l'homme — faux-semblants, folie, mort, extériorité suppliciante —, qui engendrent des conduites magiques et conjuratoires. Les deux types de « folie » : lucide et euphorique ; subie et liée à la mort. Une éthique : faire « De la peur [...] un hôte ».

4. Le poème-roc : émiettement du texte, qui peut faire penser aux « alignements » de Carnac ; « dureté » anguleuse de la structure rhétorique (cf. les outils grammaticaux — conjonctions — placés en tête de vers) ; verticalité du poème, dressé en hauteur sur la page.

RENÉ CHAR (né en 1907)

Il naît le 14 juin 1907 à L'Isle-sur-la-Sorgue, petit village du Vaucluse où il reviendra le plus souvent se fixer et dont ses poèmes évoqueront maintes fois les paysages. Malgré les difficultés financières surgies à la mort de son père, en 1918, il poursuit ses études à Avignon puis à Marseille, et fait de multiples lectures (de poètes romantiques — allemands et français — en particulier). Il publie en 1928 son premier recueil de poèmes, *Cloches sur le cœur,* dont il détruira plus tard la plupart des exemplaires. En 1929, après être entré en contact avec Paul Éluard, dont il restera l'un des amis très proches, il vient à Paris et adhère au mouvement surréaliste. Il lit Rimbaud, les présocratiques, collabore avec Breton et Éluard à *Ralentir travaux* (1930), à la revue *Le Surréalisme au service de la révolution*, et participe régulièrement aux activités du groupe. Il publie en 1934 *Le Marteau sans maître*, et revient à L'Isle-sur-la-Sorgue, où il tente de redresser la situation financière de l'affaire familiale qu'avait fondée son père, avant d'y abandonner toute fonction. Mobilisé à la déclaration de guerre, il part en Alsace, qu'il découvre et qui marque profondément sa sensibilité. Après la défaite, il revient à L'Isle-sur-la-Sorgue, échappe de peu à une arrestation — il a été dénoncé comme militant d'extrême gauche —, et entre dans la Résistance sous le nom de guerre d'Alexandre ; tandis qu'il organise des sabotages, prépare des parachutages, plusieurs de ses amis très proches sont abattus ; lui-même est grièvement blessé en 1944. Il reprend cette année-là ses publications, interrompues depuis 1939. Après *Seuls demeurent* (1945), c'est une suite impressionnante de recueils majeurs qui attirent à lui les amitiés (Georges Bataille, Albert Camus, Braque, Matisse, Nicolas de Staël...) et les créateurs : Pierre Boulez met en musique *Le Marteau sans maître*, en 1955, année de la première rencontre avec Martin Heidegger, que suivront une complicité et une correspondance ferventes. Dans les années soixante, *La Parole en archipel* et *Commune présence* imposent définitivement la voix du poète, que numéros de revues et expositions font connaître d'un public de plus en plus vaste. Ses *Œuvres complètes* sont publiées en 1983 dans la « Bibliothèque de la Pléiade », ce qui n'empêche pas le poète de faire paraître deux ans plus tard *Les Voisinages de Van Gogh*, ultime hommage à sa région natale.

L'obscurité généralement reconnue à l'œuvre de René Char n'est ni un héritage surréaliste ni la survivance du désir mallarméen d'entourer volontairement l'œuvre de mystère pour en sauvegarder le caractère sacré. Elle procède d'une éthique de la vigilance, d'une inquiétude à vivre qui refuse l'adhésion immédiate à l'existence et l'endormissement dans les certitudes confortables, fussent-elles celles du langage. La poésie de René Char dit l'homme problématique qui éprouve, entre « accablement » et « confiance » *(Le Poème pulvérisé)*, l'attente de « la vie inexprimable », celle qui « est refusée chaque jour par les êtres et par les choses » *(Le Marteau sans maître)*. « Épouse et n'épouse pas ta maison », écrit le poète dans *Seuls demeurent* : parce que le monde est désirable autant qu'inhabitable, le repos est dans le départ, et l'immobilité n'est qu'un désir tendu, provisoirement à l'arrêt : « En poésie, on n'habite que le lieu que l'on quitte » *(Recherche de la base et du sommet)* ; le poème est donc lui-même un lieu précaire, fragmenté parfois, tantôt « pulvérisé », tantôt travaillé par d'infimes ruptures qui empêchent le sens de jamais s'établir. Cette « parole en archipel » qui a conscience de sa fragilité fait parfois penser au poète des *Illuminations*, pris entre l'élan euphorique et la retombée déceptive. Mais l'expérience de l'échec est pour René Char moins négatrice que constitutive du poème ; René Char, qui entretint avec Heidegger une longue amitié, partage en effet avec les philosophes présocratiques — Héraclite en particulier — le sentiment que la vie se régénère par la dialectique des contraires, non pas confondus mais ressaisis et lucidement réactivés au point-limite de leur plus forte opposition. C'est pourquoi, contrairement à l'une des tendances les plus profondes de la poésie depuis le romantisme, l'écriture n'est chez lui ni rédemptrice ni consolante ; elle ne convertit pas la perte en réussite esthétique, mais avive la lucidité de l'homme, ainsi placé « dans l'entrouvert, exactement sur la ligne hermétique de partage de l'ombre et de la lumière » *(La Parole en archipel)*. Mais le poète ajoute aussitôt : « Nous sommes irrésistiblement jetés en avant » *(ibid.)* ; le poète est en effet un « matinal » qui, au réel incomplet, répond par « une salve d'avenir » *(Fureur et mystère)* grâce au « mot » qui, « levé avant son sens », « nous éveille, nous prodigue la clarté du jour » *(Le Nu perdu)*. L'œuvre écrite ne cesse donc de tracer les contours d'une aventure nouvelle. C'est pourquoi cette poésie spéculaire, dans laquelle le poète s'interroge souvent au miroir des mots, n'est jamais complaisante : elle refuse la réduction psychologique, l'alibi sentimental, et se projette au contraire hors de soi : dans l'interrogation d'une conscience affrontée à l'existence, et tentant d'éprouver dans son universalité la condition de l'homme. Les images du monde accompagnent donc le poète : astres, animaux, végétaux, et autres réalités quotidiennes redécouvertes, deviennent autant de présences complices ; mais, réduites souvent à quelques signes — comme autant de traces — elles conservent au poème sa qualité d'épure, dessinant les contours d'une géométrie sensible de l'âme. Cet entre-deux permet à la tentation gnomique de René Char de s'exercer sans récuser l'écriture poétique : si ses maximes et sentences tentent de ressaisir l'existence et d'en retenir une « leçon », ce n'est pas pour l'immobiliser dans les certitudes du langage ou d'une pensée satisfaite : à mi-chemin de l'image et de la pensée, elles réfutent dans une même contradiction l'alibi poétique et l'assurance du discours, placées en ce point incertain où la pensée hésite tandis que la poésie consent à briser son propre confort. Ces tensions perpétuelles entre l'acceptation et le refus, l'image et le discours, donnent à la poésie de René Char son rythme propre, sa vie intime et quasiment physiologique, faite d'un mouvement de flux et de reflux entre la condensation et l'émiettement, entre le retour sur le lieu du poème et le débord sentimental ou discursif vers le monde. Le don y est exigence, la retenue y est généreuse, l'écriture et l'éthique s'y confondent dans une même « sérénité crispée ».

Principaux recueils : *Le Marteau sans maître* (1934) ; *Dehors la nuit est gouvernée* (1938) ; *Seuls demeurent* (1945) ; *Le Poème pulvérisé* (1947) ; *Fureur et mystère* (1948) ; *Les Matinaux* (1950) ; *A une sérénité crispée* (1951) ; *La Parole en archipel* (1962) ; *Retour amont* (1966) ; *Le Nu perdu* (1971) ; *Aromates chasseurs* (1975) ; *Les Voisinages de Van Gogh* (1985).

A consulter : Pierre Guerre, *René Char,* Seghers, coll. « Poètes d'aujourd'hui », 1971 ; numéro spécial « René Char » des *Cahiers de l'Herne*, 1971 ; numéro spécial « René Char » de la revue *Sud*, 1984 ; Jean-Claude Mathieu, *La Poésie de René Char, ou le Sel de la splendeur,* 2 tomes, J. Corti, 1985.

ÉVADNÉ

L'été et notre vie étions d'un seul tenant
La campagne mangeait la couleur de ta jupe odorante
Avidité et contrainte s'étaient réconciliées
Le château de Maubec s'enfonçait dans l'argile
Bientôt s'effondrerait le roulis de sa lyre
La violence des plantes nous faisait vaciller
Un corbeau rameur sombre déviant de l'escadre
Sur le muet silex de midi écartelé
Accompagnait notre entente aux mouvements tendres
La faucille partout devait se reposer
Notre rareté commençait un règne
(Le vent insomnieux qui nous ride la paupière
En tournant chaque nuit la page consentie
Veut que chaque part de toi que je retienne
Soit étendue à un pays d'âge affamé et de larmier géant)

C'était au début d'adorables années
La terre nous aimait un peu je me souviens.

Fureur et mystère, 1948, Gallimard.

BIENS ÉGAUX

Je suis épris de ce morceau tendre de campagne, de son accoudoir de solitude au bord duquel les orages viennent se dénouer avec docilité, au mât duquel un visage perdu, par instant s'éclaire et me regagne. De si loin que je me souvienne, je me distingue penché sur les végétaux du jardin désordonné de mon père, attentif aux sèves, baisant des yeux formes et couleurs que le vent semi-nocturne irriguait mieux que la main infirme des hommes. Prestige d'un retour qu'aucune fortune n'offusque. Tribunaux de midi, je veille. Moi qui jouis du privilège de sentir tout ensemble accablement et confiance, défection et courage, je n'ai retenu personne sinon l'angle fusant d'une Rencontre.

Sur une route de lavande et de vin, nous avons marché côte à côte dans un cadre enfantin de poussière à gosier de ronces, l'un se sachant aimé de l'autre. Ce n'est pas un homme à tête de fable que plus tard tu baisais derrière les brumes de ton lit constant. Te voici nue et entre toutes la meilleure seulement aujourd'hui où tu franchis la sortie d'un hymne raboteux. L'espace pour toujours est-il cet absolu et scintillant congé, chétive volte-face ? Mais prédisant cela j'affirme que tu vis ; le sillon s'éclaire entre ton bien et mon mal. La chaleur reviendra avec le silence comme je te soulèverai, Inanimée.

Fureur et mystère, 1948, Gallimard.

J'HABITE UNE DOULEUR

Ne laisse pas le soin de gouverner ton cœur à ces tendresses parentes de l'automne auquel elles empruntent sa placide allure et son affable agonie. L'œil est précoce à se plisser. La souffrance connaît peu de mots. Préfère te coucher sans fardeau : tu rêveras du lendemain et ton lit te sera léger. Tu rêveras que ta maison n'a plus de vitres. Tu es impatient de t'unir au vent, au vent qui parcourt une année en une nuit. D'autres chanteront l'incorporation mélodieuse, les chairs qui ne personnifient plus que la sorcellerie du sablier. Tu condamneras la gratitude qui se répète. Plus tard, on t'identifiera à quelque géant désagrégé, seigneur de l'impossible.

Pourtant.

Tu n'as fait qu'augmenter le poids de ta nuit. Tu es retourné à la pêche aux murailles, à la canicule sans été. Tu es furieux contre ton amour au centre d'une entente qui s'affole. Songe à la maison parfaite que tu ne verras jamais monter. A quand la récolte de l'abîme ? Mais tu as crevé les yeux du lion. Tu crois voir passer la beauté au-dessus des lavandes noires...

Qu'est-ce qui t'a hissé, une fois encore, un peu plus haut, sans te convaincre ?

Il n'y a pas de siège pur.

Fureur et mystère, 1948, Gallimard.

LE MARTINET

Martinet aux ailes trop larges, qui vire et crie sa joie autour de la maison. Tel est le cœur.

Il dessèche le tonnerre. Il sème dans le ciel serein. S'il touche au sol, il se déchire.

Sa repartie est l'hirondelle. Il déteste la familière. Que vaut dentelle de la tour ?

Sa pause est au creux le plus sombre. Nul n'est plus à l'étroit que lui.

L'été de la longue clarté, il filera dans les ténèbres, par les persiennes de minuit.

Il n'est pas d'yeux pour le tenir. Il crie, c'est toute sa présence. Un mince fusil va l'abattre. Tel est le cœur.

Fureur et mystère, 1948, Gallimard.

CONSEIL DE LA SENTINELLE

Fruit qui jaillissez du couteau,
Beauté dont saveur est l'écho,
Aurore à gueule de tenailles,
Amants qu'on veut désassembler,
Femme qui portez tablier,
Ongle qui grattez la muraille,
Désertez ! désertez !

Les Matinaux, 1950, Gallimard.

QU'IL VIVE !

Ce pays n'est qu'un vœu de l'esprit, un contre-sépulcre.

Dans mon pays, les tendres preuves du printemps et les oiseaux mal habillés sont préférés aux buts lointains.

La vérité attend l'aurore à côté d'une bougie. Le verre de fenêtre est négligé. Qu'importe à l'attentif.

Dans mon pays, on ne questionne pas un homme ému.

Il n'y a pas d'ombre maligne sur la barque chavirée.

Bonjour à peine, est inconnu dans mon pays.

On n'emprunte que ce qui peut se rendre augmenté.

Il y a des feuilles, beaucoup de feuilles sur les arbres de mon pays. Les branches sont libres de n'avoir pas de fruits.

On ne croit pas à la bonne foi du vainqueur.

Dans mon pays, on remercie.

Les Matinaux, 1950, Gallimard.

DÉCLARER SON NOM

J'avais dix ans. La Sorgue m'enchâssait. Le soleil chantait les heures sur le sage cadran des eaux. L'insouciance et la douleur avaient scellé le coq de fer sur le toit des maisons et se supportaient ensemble. Mais quelle roue dans le cœur de l'enfant aux aguets tournait plus fort, tournait plus vite que celle du moulin dans son incendie blanc ?

La Parole en archipel, 1962, Gallimard.

LE NU PERDU

Porteront rameaux ceux dont l'endurance sait user la nuit noueuse qui précède et suit l'éclair. Leur parole reçoit existence du fruit intermittent qui la propage en se dilacérant. Ils sont les fils incestueux de l'entaille et du signe, qui élevèrent aux margelles le cercle en fleurs de la jarre du ralliement. La rage des vents les maintient encore dévêtus. Contre eux vole un duvet de nuit noire.

Le Nu perdu, 1971, Gallimard.

ÉLOQUENCE D'ORION

Tu te ronges d'appartenir à un peuple mangeur de chevaux, esprit et estomac mitoyens. Son bruit se perd dans les avoines rouges de l'événement dépouillé de son grain de pointe. Il te fut prêté de dire une fois à la belle, à la sourcilleuse distance les chants matinaux de la rébellion. Métal rallumé sans cesse de ton chagrin, ils me parvenaient humides d'inclémence et d'amour.

Et à présent si tu avais pouvoir de dire l'aromate de ton monde profond, tu rappellerais l'armoise[1]. Appel au signe vaut défi. Tu t'établirais dans ta page, sur les bords d'un ruisseau, comme l'ambre gris sur le varech échoué ; puis, la nuit montée, tu t'éloignerais des habitants insatisfaits, pour un oubli servant d'étoile. Tu n'entendrais plus geindre tes souliers entrouverts.

Aromates chasseurs, 1975, Gallimard.

---

1. Du latin *artemisia*, « herbe d'Artemis » : nom générique de plantes aromatiques.

• **Fragments d'un « art poétique »**

« Le poète transforme indifféremment la défaite en victoire, la victoire en défaite, empereur prénatal seulement soucieux du recueil de l'azur. »

Fureur et mystère, Gallimard.

« Le poète doit tenir la balance égale entre le monde physique de la veille et l'aisance redoutable du sommeil, les lignes de la connaissance dans lesquelles il couche le corps subtil du poème, allant indistinctement de l'un à l'autre de ces états différents de la vie. »

Ibid.

« Le poète est la genèse d'un être qui projette et d'un être qui retient. A l'amant il emprunte le vide, à la bien-aimée, la lumière. Ce couple formel, cette double sentinelle lui donnent pathétiquement sa voix. »

Ibid.

« Le poète recommande : « Penchez-vous, penchez-vous davantage. » Il ne sort pas toujours indemne de sa page, mais comme le pauvre il sait tirer parti de l'éternité d'une olive. »

Ibid.

« La poésie n'est pas une leçon de vers ni une lecture qu'on ferait chanter d'une certaine façon pour qu'on puisse l'appeler poème. Ce mouvement que font les mots est celui même que décrivent les astres, et les vers aphoristiques — quelques mots d'égal mérite — sont bien des espèces de satellites qui sillonnent le ciel mental. Ils ont besoin pour exister de tout l'espace, bien entendu de l'espace de l'homme que celui-ci parcourt de son index, de plus en plus étiré. Quelquefois dans ces vers, il y a une once de l'ombre dont je vous parle — presque rien ; il a été caressé par elle. Attirances, retraits, un exemple mène à l'autre... Parfois il y a un astre mort, et des novae qui conduisent le deuil, accourues de grandes galaxies en flammes. Nous n'avons pas à craindre l'incendie : nous avons commencé par être des brandons de feu. Mais si peu de temps nous est imparti, si peu de vie équilibrée... Nous ne restons pas ici assez longtemps pour être capables de voir que la poésie, loin d'être aussi singulière qu'on lui en fait le reproche, fait partie intégrante de l'univers, avec, dans cette nuit promulguée, cette énigme qui engaine la joie. »

Sous ma casquette amarante, Gallimard.

• **Pour une étude de « Biens égaux »**

1. Une double reconquête : d'un lieu et d'un être momentanément perdus. Retour vers le passé et envahissement de la conscience : images du flux, de l'irrigation, vision « enfantine » de la nature protectrice et « désordonnée ». La figure tutélaire du père, dont le poète tente de se réapproprier le pouvoir, jusqu'au geste volontaire final : l'évolution du texte, de la « défection » au « courage ».

2. L'acceptation de la perte : la femme aimée reste une présence énigmatique, vouée à l'absence littéraire par l'indétermination du langage ; pudeur des évocations les plus chargées d'affectivité : le langage désigne mais ne revivifie pas. Le « sillon » ou l'acceptation du clivage : fréquence des images de passage (« bord » ; « accoudoir »...) ; refus d'une résolution des contraires et préservation de l'« angle fusant » de la « Rencontre ».

3. Le pouvoir reconnu aux mots : le langage-maxime, enclos dans des formes métriques reconnaissables ; puissance de celui qui « affirme », et renaît à la fin en tant que poète. Défiance des mots : les déséquilibres métriques, le refus de la métaphore explicite au profit du tressage indécis des références ; les mouvements conjoints d'éclairage et d'obscurcissement du sens, qui le laissent « entrouvert ».

ANDRÉ FRÉNAUD (né en 1907)

Originaire de Montceau-les-Mines, où il naît le 26 juillet 1907, André Frénaud poursuivra à Paris des études de philosophie et de droit avant d'être nommé, en 1930, lecteur à l'Université de Lwów. Après deux voyages importants en U.R.S.S. et en Espagne, il entre en 1938 à l'administration centrale du ministère des Travaux publics, où il restera jusqu'à sa retraite. Fait prisonnier en 1940, il rentre en France deux ans plus tard ; en 1943, il participe à l'anthologie des *Poètes prisonniers*, et fait paraître *Les Rois mages*. Il collabore à diverses publications clandestines aux côtés de Paul Éluard, Pierre Seghers, Jean Tardieu. En 1944, il inaugure, avec *Vache bleue dans une ville* et *Les Mystères de Paris*, une longue suite de livres conçus en collaboration avec des peintres, parmi lesquels Bazaine, Dubuffet, Fautrier, Léger, Masson, Miró, Ubac, Villon. Le poète ne s'enferme pas pour autant dans son œuvre : il signe en 1960 le Manifeste des 121 contre la guerre d'Algérie, et il participera à la Communauté européenne des écrivains, destinée à favoriser les relations entre écrivains de l'Est et de l'Ouest. Depuis les années soixante, son œuvre s'impose avec régularité et constance, autant par des recueils nouveaux que par la reprise et la réorganisation de textes antérieurement publiés.

L'œuvre d'André Frénaud est de celles qui déjouent le plus la réduction anthologique, car elle ne se laisse pas saisir hors du temps de sa propre gestation. Au gré des rééditions de ses textes et des postfaces ou notices, le poète recompose rétrospectivement son œuvre et lui donne son sens. Celui-ci se construit dans ce mouvement de retour, qui assure sa cohérence réflexive autant que son ouverture indéfinie à de nouvelles combinaisons. Le poème n'est donc pas séparable du recueil, dans un rapport toujours évolutif entre le tout et la partie. Aussi bien est-ce cette tension qui gouverne les motifs thématiques et le mouvement de l'écriture. Habité par les symboles et les mystères chrétiens, le poète sait pourtant qu'« Il n'y a pas de paradis ». L'ordre du poème ne peut être que l'inscription de cette radicale déception : le texte est toujours cette « ardoise » qu'en tête de son premier recueil, André Frénaud envisageait de « remettre au néant » ; il fait le compte d'une somme impossible, il totalise une perte sans recours autre que la tendresse et l'amour précaires. Dès lors « la poésie, c'est de se reconnaî-

tre/*absent*/du lieu insituable » *(Haeres)* ; l'image ne peut faire
qu'elle ne brise le charme dans le moment même qu'elle l'instaure,
et le lyrisme rompt ses élans dans une soudaine rugosité des mots.
Au prix d'un basculement qui procède souvent de la double néga-
tion, l'œuvre d'André Frénaud s'élabore à partir de cette « inhabileté fatale » dans laquelle le poète a reconnu, après Rimbaud,
l'infortune de notre condition et la chance du poème.

Principaux recueils : *Les Rois mages* (1943) ; *Il n'y a pas de
paradis* (1962) ; *La Sainte Face* (1968) ; *Depuis toujours déjà*
(1970) ; *La Sorcière de Rome* (1973) ; *Haeres* (1982).

A consulter : Georges-Emmanuel Clancier, *André Frénaud,*
Seghers, coll. « Poètes d'aujourd'hui », 1953, rééd. 1963 ; André
Frénaud, *Notre Inhabileté fatale* (entretiens avec Bernard Pin-
gaud), Gallimard, 1979 ; *André Frénaud,* revue *Sud*, mai 1981 ;
Frénaud-Tardieu, revue *Sud*, février 1984 ; *Lire Frénaud,* Presses
Universitaires de Lyon, 1985.

ÉPITAPHE

Quand je remettrai mon ardoise au néant
un de ces prochains jours,
il ne me ricanera pas à la gueule.
Mes chiffres ne sont pas faux,
ils font un zéro pur.
Viens mon fils, dira-t-il de ses dents froides,
dans le sein dont tu es digne.
Je m'étendrai dans sa douceur.

mai-septembre 1938

Les Rois mages, 1943, Gallimard.

TA TÊTE

Ta tête par les bras de la nuit
dans les grands pacages vert-de-gris du rêve.
Ton corps n'est pas loin de toi, il est là, il pèse,
poète titubant sur les tertres creux.
Ta voix est enfouie dans les seins du rêve.
Tu la trouveras plus tard
quand la moisson sera vaine.
Tu seras comblé quand les blés auront pourri.
Mais la nuit a glissé de toi, c'est le jour
d'horreur, de chétive monotonie.

Les Rois mages, 1943, Gallimard.

COMME SI QUOI

Comme si la mort savait conclure.
Comme si la vie pouvait gagner.

Comme si la fierté était la réplique.
Comme si l'amour était en renfort.

Comme si l'échec était une épreuve.
Comme si la chance était un aveu.

Comme si l'aubépine était un présage.
Comme si les dieux nous avaient aimés.

Il n'y a pas de paradis, 1962, Gallimard.

ESPAGNE

Le hurlement progresse et brûle les forêts,
entaille la pureté de tous les cœurs.
Des enfants ouverts, le sang tombé pousse.

Ne regarde pas le ciel. Ne regarde pas la ville.
La haine à l'haleine de sel chevauche
à travers les plateaux de Castille
sans compagnon, son voyage ne finira plus.
Oh ! Dans la chaleur de Grenade qui fait tout pourrir,
ne fondra jamais cette neige plus épaisse
qu'au front de la Sierra Nevada.
Pour toujours accroché aux blasons replâtrés,
aux robes des prêtres-traîtres,
aux grands arbres, aux moissons, au plein sommeil, à
   l'herbe,
au long sifflement de la faux,
le silence du hurlement terrible des mères d'Espagne.

Novembre 1938

La Sainte Face, 1968, Gallimard.

UNE BOUFFÉE DES MORTS

Je n'ai rien oublié de ceux-là que j'aimais.
Ils s'étaient enfoncés, ils vont reprendre force,
me touchant à la gorge.
Sous tant d'années enfouies, la lumière ce soir
retrouvant la splendeur, une larme les monte,
les bien-aimés gisant par mes printemps défaits.
Leur donnant accès entre les grands arbres d'aujourd'hui,
sous les nuages d'aujourd'hui,
bousculés dans un arc-en-ciel impatient,
tous mes éclats d'enfant parmi les corps furtifs.

Je repars avec eux, loin dessous mon visage.
Je descends dans l'ombre qui nous gouverne,
faisant figure ici puisqu'ils m'ont mis au jour
ces morts, encore vivant si j'en suis la mémoire,
veilleur ou bien tombeau — De moi aussi tombeau,
ornementé puisqu'il le faut,
d'un sourire agréable sur le revêtement.

3 novembre 1961

Depuis toujours déjà, 1970, Gallimard.

CONSTRUIRE EN MARGUERITE

La clairière, indiscernable, incernable,
d'où partent et reviennent, que traversent,
échappées, formes obscures...
                    et le poète rêve
d'une construction en marguerite,
avec les pétales qui formeraient
                        collerette blanche,
alentour du flux d'or intarissable,
insoutenable.

(variante)

Le centre est là
            partout qui manque,
        et le poète,
avec ses paroles qui s'avancent et se reprennent,
                            qui repartent,
ne pourrait que former,
        comme une marguerite,
                    une couronne,
qui se déploierait alentour du pressenti
                    œuf d'or, trop éblouissant
pour que jamais
            il se puisse voir.

Haeres, 1982, Gallimard.

JACQUES PRÉVERT (1900-1977)

Il naît le 4 février 1900 à Neuilly-sur-Seine ; deux influences marqueront ses années d'éducation : le désespoir de son père, devenu chômeur, et la formation religieuse qu'on lui impose, et qui se retournera plus tard en un anticléricalisme virulent. Dès l'âge de quinze ans il quitte sa famille, vit de petits métiers, rencontre Marcel Duhamel puis les surréalistes, lesquels l'excluront de leur groupe en 1928, à cause d'une farce « de mauvais goût ». Ses premiers textes paraissent en revue en 1930 ; il écrit régulièrement des poèmes, mais jusqu'à la Seconde Guerre mondiale il se fait surtout connaître au théâtre (écrivant de courtes pièces, et travaillant avec la troupe du « Groupe Octobre ») et au cinéma : il collabore à des films qui deviendront célèbres (*Le Crime de Monsieur Lange*, de Jean Renoir, 1935 ; les films de Marcel Carné : *Drôle de drame*, 1937 ; *Quai des brumes*, 1938 ; *Les Visiteurs du soir*, 1942 ; *Les Enfants du paradis*, 1943), auxquels il imprimera sa marque propre. Il ne s'impose comme poète qu'en 1945 avec *Paroles*, qui réunit en recueil certains de ses poèmes jusque-là épars en revues ; c'est un succès immédiat, et le livre se vendra à des millions d'exemplaires. Il encouragera Prévert à poursuivre son œuvre littéraire et à délaisser le cinéma. Installé à Saint-Paul-de-Vence, puis de nouveau à Paris à partir de 1955, Prévert publiera encore de grands recueils *(Spectacle, Fatras)*, et beaucoup d'ouvrages conçus en collaboration avec des peintres. Le succès ne se démentira pas, malgré l'évolution des modes littéraires et l'effacement du poète, qui mourra en 1977.

Jacques Prévert est l'un des rares poètes français du XXᵉ siècle à être devenu réellement populaire. Modeste par tempérament, il dut d'être connu à ses amis, aux artistes qui mirent en musique ses poèmes, et dont certains — comme « Les Enfants de la nuit » ou « Barbara » — ont enchanté plusieurs générations. Antirationaliste instinctif (« Oh ! Raison funèbre ! », *Spectacle*), il est avant tout un homme de sensibilité immédiate, un poète de l'amour et de la tendresse, perpétuellement blessé par le spectacle de la misère sociale ; son univers privilégié est le monde concret du travail, le monde des villes dont l'injustice suscite en lui l'indignation, l'ironie iconoclaste ou le sarcasme féroce. Grâce à un style volontiers « dramatique », influencé sans doute par la pratique du théâtre et

du scénario de film, il retrouve sans peine l'allure de récit de la
poésie populaire, de même que ses maladresses calculées, son faux
prosaïsme et ses refrains — d'autant plus marquants qu'il fait du
vers libre un usage très personnel. Sur ce vieux fond de littérature
populaire se greffe un sens de l'irrévérence, du canular et du pied
de nez qu'il a hérité du surréalisme ; ayant assidûment pratiqué les
« collages », que ses poèmes rappellent plus d'une fois, il manifeste un art consommé de l'incongruité burlesque qui donne à sa
poésie sa verve fondeuse et sa tonalité éternellement adolescente.

Principaux recueils : *Paroles* (1945) ; *Histoires* (1946) ; *Spectacle* (1951) ; *La Pluie et le beau temps* (1955) ; *Fatras* (1966).

A consulter : André Bergens, *Prévert,* éd. universitaires, « clas-
siques du XXᵉ siècle », 1969 ; Michel Rachline, *Jacques Prévert,
drôle de vie,* Ramsay, 1981.

CORTÈGE

Un vieillard en or avec une montre en deuil
Une reine de peine avec un homme d'Angleterre
Et des travailleurs de la paix avec des gardiens de la mer
Un hussard de la farce avec un dindon de la mort
Un serpent à café avec un moulin à lunettes
Un chasseur de corde avec un danseur de têtes
Un maréchal d'écume avec une pipe en retraite
Un chiard en habit noir avec un gentleman au maillot
Un compositeur de potence avec un gibier de musique
Un ramasseur de conscience avec un directeur de mégots
Un repasseur de Coligny avec un amiral de ciseaux
Une petite sœur du Bengale avec un tigre de Saint-Vincent-
    de-Paul
Un professeur de porcelaine avec un raccommodeur de
    philosophie
Un contrôleur de la Table Ronde avec des chevaliers de la
    Compagnie du Gaz de Paris
Un canard à Sainte-Hélène avec un Napoléon à l'orange

Un conservateur de Samothrace avec une Victoire de cimetière
Un remorqueur de famille nombreuse avec un père de haute mer
Un membre de la prostate avec une hypertrophie de l'Académie française
Un gros cheval in partibus avec un grand évêque de cirque
Un contrôleur à la croix de bois avec un petit chanteur d'autobus
Un chirurgien terrible avec un enfant dentiste
Et le général des huîtres avec un ouvreur de Jésuites.

Paroles, 1945, Gallimard.

BARBARA

Rappelle-toi Barbara
Il pleuvait sans cesse sur Brest ce jour-là
Et tu marchais souriante
Épanouie ravie ruisselante
Sous la pluie
Rappelle-toi Barbara
Il pleuvait sans cesse sur Brest
Et je t'ai croisée rue de Siam
Tu souriais
Et moi je souriais de même
Rappelle-toi Barbara
Toi que je ne connaissais pas
Toi qui ne me connaissais pas
Rappelle-toi
Rappelle-toi quand même ce jour-là
N'oublie pas
Un homme sous un porche s'abritait
Et il a crié ton nom
Barbara

Et tu as couru vers lui sous la pluie
Ruisselante ravie épanouie
Et tu t'es jetée dans ses bras
Rappelle-toi cela Barbara
Et ne m'en veux pas si je te tutoie
Je dis tu à tous ceux que j'aime
Même si je ne les ai vus qu'une seule fois
Je dis tu à tous ceux qui s'aiment
Même si je ne les connais pas
Rappelle-toi Barbara
N'oublie pas
Cette pluie sage et heureuse
Sur ton visage heureux
Sur cette ville heureuse
Cette pluie sur la mer
Sur l'arsenal
Sur la bateau d'Ouessant
Oh Barbara
Quelle connerie la guerre
Qu'es-tu devenue maintenant
Sous cette pluie de fer
De feu d'acier de sang
Et celui qui te serrait dans ses bras
Amoureusement
Est-il mort disparu ou bien encore vivant
Oh Barbara
Il pleut sans cesse sur Brest
Comme il pleuvait avant
Mais ce n'est plus pareil et tout est abîmé
C'est une pluie de deuil terrible et désolée
Ce n'est même plus l'orage
De fer d'acier de sang
Tout simplement des nuages
Qui crèvent comme des chiens
Des chiens qui disparaissent
Au fil de l'eau sur Brest
Et vont pourrir au loin
Au loin très loin de Brest
Dont il ne reste rien.

Paroles, 1945, Gallimard.

LE MIROIR BRISÉ

Le petit homme qui chantait sans cesse
Le petit homme qui dansait dans ma tête
le petit homme de la jeunesse
a cassé son lacet de soulier
et toutes les baraques de la fête
tout d'un coup se sont écroulées
et dans le silence de cette fête
dans le désert de cette fête
j'ai entendu ta voix heureuse
ta voix déchirée et fragile
enfantine et désolée
venant de loin et qui m'appelait
et j'ai mis ma main sur mon cœur
où remuaient
ensanglantés
les sept éclats de glace de ton rire étoilé.

Paroles, 1945, Gallimard.

LES ENFANTS QUI S'AIMENT

Les enfants qui s'aiment s'embrassent debout
Contre les portes de la nuit
Et les passants qui passent les désignent du doigt
Mais les enfants qui s'aiment
Ne sont là pour personne
Et c'est seulement leur ombre
Qui tremble dans la nuit
Excitant la rage des passants
Leur rage leur mépris leurs rires et leur envie
Les enfants qui s'aiment ne sont là pour personne
Ils sont ailleurs bien plus loin que la nuit
Bien plus haut que le jour
Dans l'éblouissante clarté de leur premier amour.

Spectacle, 1951, Gallimard.

LÉOPOLD SÉDAR SENGHOR (né en 1906)

Il naît en 1906 à Joal-la-Portugaise (Sénégal) dans une famille de religion catholique. Arrivé en France après ses études secondaires, animateur avec Aimé Césaire de la revue *L'Étudiant noir* — où apparaît pour la première fois le terme de « négritude » —, il est reçu en 1935 à l'agrégation de grammaire, puis enseigne dans divers lycées de province. Fait prisonnier pendant la guerre, il publie à la Libération son premier recueil, *Chants d'ombre*. Il est élu député du Sénégal dans le groupe S.F.I.O., qu'il quitte en 1947 pour fonder le Bloc démocratique sénégalais. Ministre dans le cabinet Edgar Faure en 1955, il est élu en 1960 président de la République du Sénégal, après l'accession de ce pays à l'indépendance. Il quitte volontairement ce poste en 1979, et entre à l'Académie française en 1983.

Apôtre d'une « négritude » fondée sur le métissage culturel, L.S. Senghor n'a jamais renié la tradition occidentale. Puisant au besoin dans l'inspiration chrétienne, proche assez souvent de Claudel et de Saint-John Perse, influencé dans le choix des images par l'esthétique surréaliste, il intègre ces apports dans une écriture dont le lyrisme, le mouvement et le rythme empruntent à la tradition orale des conteurs africains. Poèmes de célébration, de déploration ou d'adoration, ses textes élaborent un rituel poétique propre à rendre à l'homme le sentiment de son unité et de sa présence au monde, dans une parole qui, mobilisant le souffle, rend le corps participant du mouvement de la conscience.

Recueils : *Chants d'ombre* (1945) ; *Hosties noires* (1948) ; *Éthiopiques* (1956) ; *Nocturnes* (1961) ; *Lettres d'hivernage* (1972).

A consulter : Armand Guibert, *L.S. Senghor,* Seghers, 1974, coll. « Poètes d'aujourd'hui » ; Hubert de Leusse, *L.S. Senghor l'Africain,* Hatier, 1977 ; L.S. Senghor, *Anthologie de la nouvelle poésie nègre et malgache de langue française,* P.U.F., 1948, rééd. 1985.

PRIÈRE AUX MASQUES

Masques ! Ô Masques !
Masque noir masque rouge, vous masques blanc-et-noir
Masques aux quatre points d'où souffle l'Esprit
Je vous salue dans le silence !
Et pas toi le dernier, Ancêtre à tête de lion.
Vous gardez ce lieu forclos à tout rire de femme, à tout
    sourire qui se fane
Vous distillez cet air d'éternité où je respire l'air de mes
    Pères.
Masques aux visages sans masque, dépouillés de toute fos-
    sette comme de toute ride
Qui avez composé ce portrait, ce visage mien penché sur
    l'autel de papier blanc
A votre image, écoutez-moi !
Voici que meurt l'Afrique des empires — c'est l'agonie
    d'une princesse pitoyable
Et aussi l'Europe à qui nous sommes liés par le nombril.
Fixez vos yeux immuables sur vos enfants que l'on
    commande
Qui donnent leur vie comme le pauvre son dernier
    vêtement.
Que nous répondions présents à la renaissance du Monde
Ainsi le levain qui est nécessaire à la farine blanche.
Car qui apprendrait le rythme au monde défunt des machi-
    nes et des canons ?
Qui pousserait le cri de joie pour réveiller morts et orphe-
    lins à l'aurore ?
Dites, qui rendrait la mémoire de vie à l'homme aux espoirs
    éventrés ?
Ils nous disent les hommes du coton du café de l'huile
Ils nous disent les hommes de la mort.
Nous sommes les hommes de la danse, dont les pieds
    reprennent vigueur en frappant le sol dur.

Chants d'ombre, 1945, éd. du Seuil.

(pour flûtes et balafong[1])

Absente absente, ô doublement absente sur la sécheresse
    glacée
Sur l'éphémère glacis du papier, sur l'or blanc des sables où
    seul pousse l'élyme[2].
Absents absents et tes yeux sagittaires traversant les hori-
    zons de mica
Les verts horizons des mirages, et tes yeux migrateurs de tes
    aïeux lointains.
Déjà le pan de laine sur l'épaule aiguë, comme la lance qui
    défie le fauve
Déjà le cimier bleu sur quoi se brisent les javelines de mon
    amour.

Écoute ton sang qui bat son tam-tam dans tes tempes
    rythmiques lancinantes
Oh ! écoute — et tu es très loin par-delà les dunes vineuses
Écoute les jeux qui frémissent, quand bondit rouge ta
    panthère
Mais écoute les mains sonores, comme les vagues sur la
    plage.
Ne te retient plus l'aimant de mes yeux plus fort que le
    chant des Sirènes ?
Ah ! plus le chant de l'Élancé ? dis comme un feu de
    brousse la voix de l'Amant ?

Absent absent, ô doublement absent ton profil qui ombre
    les Pyramides.

Éthiopiques, 1956, éd. du Seuil.

---

1. Ou balafon : sorte de xylophone. — 2. Plante qui pousse dans les sables.

TA LETTRE SUR LE DRAP

Ta lettre sur le drap, sous·la lampe odorante
Bleue comme la chemise neuve que lisse le jeune homme
En chantonnant, comme le ciel et la mer et mon rêve
Ta lettre. Et la mer a son sel, et l'air le lait le pain le riz, je
    dis son sel
La vie contient sa sève, et la terre son sens
Le sens de Dieu et son mouvement.
Ta lettre sans quoi la vie ne serait pas vie
Tes lèvres mon sel mon soleil, mon air frais et ma neige.

Lettres d'hivernage, 1972, éd. du Seuil.

AVANT LA NUIT

Avant la nuit, une pensée de toi pour toi, avant que je ne
    tombe
Dans le filet blanc des angoisses, et la promenade aux fron-
    tières
Du rêve du désir avant le crépuscule, parmi les gazelles des
    sables
Pour ressusciter le poème au royaume d'Enfance.

Elles vous fixent étonnées, comme la jeune fille du Ferlo,
    tu te souviens
Buste peul flancs, collines plus mélodieuses que les bronzes
    saïtes
Et ses cheveux tressés, rythmés quand elle danse
Mais ses yeux immenses en allés, qui éclairaient ma nuit.

La lumière est-elle encore si légère en ton pays limpide
Et les femmes si belles, on dirait des images ?
Si je la revoyais la jeune fille, la femme, c'est toi au soleil
    de Septembre
Peau d'or démarche mélodieuse, et ces yeux vastes,
    forteresses contre la mort.

Lettres d'hivernage, 1972, éd. du Seuil.

• Négritude et culture française

« Je confesserai [...] — Aragon m'en donne l'exemple — que j'ai beaucoup lu, des troubadours à Paul Claudel. Et beaucoup imité. [...] Je confesserai aussi qu'à la découverte de Saint-John Perse, après la Libération, je fus ébloui comme Paul sur le chemin de Damas. [...] Mais on me posera la question : ''Pourquoi [...] écrivez-vous en français ?'' Parce que nous sommes des métis culturels, parce que, si nous sentons en nègres, nous nous exprimons en français, parce que le français est une langue à vocation universelle, que notre message s'adresse *aussi* aux Français de France et aux autres hommes, parce que le français est une langue ''de gentillesse et d'honnêteté'' (Jean Guéhenno). »

Postface à *Éthiopiques*, éd. du Seuil.

• Le rythme poétique

« Nombril même du poème, le rythme, qui naît de l'émotion, engendre à son tour l'émotion. [...] La grande leçon que j'ai retenue de Marône, la poétesse de mon village, est que la poésie est chant sinon musique — et ce n'est pas là un cliché littéraire. Le poème est comme une partition de jazz, dont l'exécution est aussi importante que le texte. [...] Le poème n'est accompli que s'il se fait chant, parole et musique en même temps. La diction dite expressive à la mode, à la manière du théâtre ou de la rue, est l'anti-poème. Comme si le rythme n'était pas, sous sa variété, monotonie, qui traduit le mouvement *substantiel* des Forces cosmiques, de l'Éternel ! »

Ibid.

• Jean-Paul Sartre : Négritude et poésie

« Parce qu'elle est cette tension entre un Passé nostalgique où le noir n'entre plus tout à fait et un avenir où elle cédera la place à des valeurs nouvelles, la Négritude se pare d'une beauté tragique qui ne trouve d'expression que dans la poésie. [...] La Négritude c'est le contenu du poème, c'est le poème comme chose du monde, mystérieuse et ouverte, indéchiffrable et suggestive ; c'est le poète lui-même. Il faut aller plus loin encore ; la Négritude, triomphe du Narcissisme et suicide de Narcisse, tension de l'âme au-delà de la culture, des mots et de tous les faits psychiques, nuit lumineuse du non-savoir, choix délibéré de l'*impossible* et de ce que Bataille nomme le « supplice », acceptation *intuitive* du monde et refus du monde au nom de la « loi du cœur », double postulation contradictoire, rétraction revendicante, expansion de générosité, est, en son essence, Poésie. Pour une fois au moins, le plus authentique projet révolutionnaire et la poésie la plus pure sortent de la même source. »

Jean-Paul Sartre, « Orphée noir », préface à l'*Anthologie de la nouvelle poésie nègre et malgache de langue française* de L.S. Senghor, P.U.F.

AIMÉ CÉSAIRE (né en 1913)

Il naît à Basse-Pointe (Martinique) en 1913. Arrivé à Paris en 1931, il réussit en 1935 le concours d'entrée à l'École normale supérieure. Animateur depuis 1932, avec L.S. Senghor, de la revue *L'Étudiant noir*, il écrit *Cahier d'un retour au pays natal*, violent recueil anticolonialiste qu'il publiera en 1939. Professeur à Fort-de-France, il fonde en 1940 la revue *Tropiques* et rencontre en 1941 André Breton. Maire et député de Fort-de-France depuis 1945, régulièrement réélu depuis, il rompt avec le parti communiste en 1956, fonde le parti progressiste martiniquais, et poursuit son combat anticolonialiste. Après les recueils poétiques qui ont suivi le *Cahier d'un retour au pays natal*, il s'essaie au théâtre avec *La Tragédie du roi Christophe* (1964) et *Une saison au Congo* (1966).

Pour Césaire, qui a imposé et défendu au même titre que L.S. Senghor la « négritude », celle-ci ne va pas sans une violence radicale, un état d'insurrection à la fois poétique et politique qui gouverne la revendication d'identité. La scansion du rythme, la force d'ébranlement des images — profondément marquées par l'empreinte surréaliste — font de ses poèmes une provocation permanente, à l'émotion comme à la révolte.

Recueils : *Cahier d'un retour au pays natal* (1939) ; *Les Armes miraculeuses* (1946) ; *Soleil cou coupé* (1948) ; *Ferrements* (1959).

A consulter : Lilyan Kesteloot, *Aimé Césaire,* Seghers, 1979, coll. « Poètes d'aujourd'hui » ; Hubert Juin, *Aimé Césaire, poète noir,* Présence africaine, 1963.

[...] ô lumière amicale
ô fraîche source de la lumière
ceux qui n'ont inventé ni la poudre ni la boussole
ceux qui n'ont jamais su dompter la vapeur ni l'électricité
ceux qui n'ont exploré ni les mers ni le ciel
mais ceux sans qui la terre ne serait pas la terre
gibbosité d'autant plus bienfaisante que la terre déserte
davantage la terre
silo où se préserve et mûrit ce que la terre a de plus terre
ma négritude n'est pas une pierre, sa surdité ruée contre la
clameur du jour
ma négritude n'est pas une taie d'eau morte sur l'œil mort
de la terre
ma négritude n'est ni une tour ni une cathédrale

elle plonge dans la chair rouge du sol
elle plonge dans la chair ardente du ciel
elle troue l'accablement opaque de sa droite patience.

Eia[1] pour le Kaïlcédrat[2] royal !
Eia pour ceux qui n'ont jamais rien inventé
pour ceux qui n'ont jamais rien exploré
pour ceux qui n'ont jamais rien dompté

mais ils s'abandonnent, saisis, à l'essence de toute chose
ignorants des surfaces mais saisis par le mouvement de
toute chose
insoucieux de dompter, mais jouant le jeu du monde

véritablement les fils aînés du monde
poreux à tous les souffles du monde
aire fraternelle de tous les souffles du monde
lit sans drain de toutes les eaux du monde
étincelle du feu sacré du monde
chair de la chair du monde palpitant du mouvement même
du monde !

Tiède petit matin de vertus ancestrales

___

1. Équivalent de l'expression « Gloire à ... ». — 2. Ou caïlcédrat : arbre d'Afrique
tropicale, aux dimensions imposantes.

Sang ! Sang ! tout notre sang ému par le cœur mâle du soleil
ceux qui savent la féminité de la lune au corps d'huile
l'exaltation réconciliée de l'antilope et de l'étoile
ceux dont la survie chemine en la germination de l'herbe !

Eia parfait cercle du monde et close concordance !

Écoutez le monde blanc
horriblement las de son effort immense
ses articulations rebelles craquer sous les étoiles dures
ses raideurs d'acier bleu transperçant la chair mystique
écoute ses victoires proditoires trompeter ses défaites
écoute aux alibis grandioses son piètre trébuchement

Pitié pour nos vainqueurs omniscients et naïfs ! [...]

Cahier d'un retour au pays natal, 1939, Bordas.

RENÉ-GUY CADOU (1920-1951)

Il naît le 15 février 1920 à Sainte-Reine de Bretagne en Loire-Atlantique, écrit ses premiers poèmes en 1935, entretient dès 1937 une correspondance avec Max Jacob, qu'il rencontrera en 1940. Nommé instituteur remplaçant cette même année, il acceptera de nombreux postes avant de se fixer à Louisfert en 1945. Le groupe de l'« École de Rochefort », auquel il participe, se forme en 1941. Il rencontre Hélène, qui sera sa femme, en 1943, fait son unique voyage à Paris en 1946, est opéré en 1950 pour un cancer dont il souffre depuis 1948, et meurt le 20 mars 1951.

Le nom de Cadou est inséparable de l'« École de Rochefort », qui groupa autour de Jean Bouhier des poètes comme Jean Rousselot, Luc Bérimont, réunis par des affinités psychologiques et spirituelles plus que par un projet esthétique défini. Peu soucieux d'intellectualisme, Cadou s'abandonne à un lyrisme discret grâce auquel il entend rester fidèle à son émotion. Celle-ci n'est pas dissociable d'une sensibilité aiguë aux « biens de ce monde » (titre de l'ouvrage qu'il préparait à sa mort), d'une sympathie pour tout ce qui existe, d'un sens du mystère quotidien de l'existence : « La poésie n'est rien que ce grand élan qui nous transporte vers les choses usuelles — usuelles comme le ciel qui nous déborde » *(Usage interne)*.

Principaux recueils : *Bruits du cœur* (1942) ; *Les Biens de ce monde* (1951) ; *Hélène ou le règne végétal* (éd. posthume) 1952 et 1953.

A consulter : Michel Manoll, *René-Guy Cadou,* Seghers, 1954, coll. « Poètes d'aujourd'hui » ; Christian Moncelet : *René-Guy Cadou : les liens de ce monde,* Champ Vallon, 1983, coll. « Champ poétique ».

J'AI TOUJOURS HABITÉ

J'ai toujours habité de grandes maisons tristes
Appuyées à la nuit comme un haut vaisselier
Des gens s'y reposaient au hasard des voyages
Et moi je m'arrêtais tremblant dans l'escalier
Hésitant à chercher dans leurs maigres bagages
Peut-être le secret de mon identité
Je préférais laisser planer sur moi comme une eau froide
Le doute d'être un homme Je m'aimais
Dans la splendeur imaginée d'un végétal
D'essence blonde avec des boucles de soleil
Ma vie ne commençait qu'au-delà de moi-même
Ébruitée doucement par un vol de vanneaux
Je m'entendais dans les grelots d'un matin blême
Et c'était toujours les mêmes murs à la chaux
La chambre désolée dans sa coquille vide
Le lit-cage toujours privé de chants d'oiseaux
Mais je m'aimais ah ! je m'aimais comme on élève
Au-dessus de ses yeux un enfant de clarté
Et loin de moi je savais bien me retrouver
Ensoleillé dans les cordages d'un poème.

Les Visages de solitude, 1947, Seghers.

ALLER SIMPLE

Ce sera comme un arrêt brutal du train
Au beau milieu de la campagne un jour d'été
Des jeunes filles dans le wagon crieront
La carte jouée restera tournée sur le journal
Et puis le train repartira
Et le souvenir de cet arrêt s'effacera
Dans la mémoire de chacun
Mais ce soir-là
Ce sera comme un arrêt brutal du train
Dans la petite chambre qui n'est pas encore située
Derrière la lampe qui est une colonne de fumée

Et peut-être aussi dans le parage de ces mains
Qui ne sont pas déshabituées de ma présence
Rien ne subsistera du voyageur
Dans le filet troué des ultimes voyages
Pas la moindre allusion
Pas le moindre bagage
Le vent de la déroute aura tout emporté.

Le Diable et son train, 1949, Seghers.

LA SOIRÉE DE DÉCEMBRE

Amis pleins de rumeurs où êtes-vous ce soir
Dans quel coin de ma vie longtemps désaffecté ?
Oh ! je voudrais pouvoir sans bruit vous faire entendre
Ce minutieux mouvement d'herbe de mes mains
Cherchant vos mains parmi l'opaque sous l'eau plate
D'une journée, le long des rives du destin !
Qu'ai-je fait pour vous retenir quand vous étiez
Dans les mornes eaux de ma tristesse, ensablés
Dans ce bief de douceur où rien ne compte plus
Que quelques gouttes d'une pluie très pure comme les
    larmes ?
Pardonnez-moi de vous aimer à travers moi
De vous perdre sans cesse dans la foule
O crieurs de journaux intimes seuls prophètes
Seuls amis en ce monde et ailleurs !

Les Biens de ce monde, 1951, Seghers.

YVES BONNEFOY (né en 1923)

Né à Tours le 24 juin 1923, il s'installe à Paris à vingt ans et abandonne des études de mathématiques pour s'orienter vers la philosophie et la poésie. Il fréquente pendant la guerre les membres du groupe surréaliste, dont il se sépare en 1947. De cette année date la mise en chantier de son premier recueil important, *Du Mouvement et de l'immobilité de Douve,* qui paraîtra en 1953. A l'occasion de plusieurs voyages en Italie, Bonnefoy se passionne pour l'art de ce pays et pour l'esthétique baroque, auxquels il consacrera plusieurs ouvrages. Il commence en 1957 ses traductions de Shakespeare. Ayant enseigné aux États-Unis, fondé en 1967 la revue *L'Éphémère*, il a occupé depuis divers postes de professeur associé dans des universités avant d'être nommé, en 1981, au Collège de France.

Inaugurée par un *Anti-Platon*, l'œuvre poétique d'Yves Bonnefoy se développe à partir d'un refus initial de la métaphysique et du concept ; la tâche du poète est en effet de dire et de créer un ici-maintenant que l'homme puisse habiter ; car « on ne peut vraiment comprendre la terre qu'en l'éprouvant comme la vie le veut, dans le temps, dans les contraintes qu'il nous impose : dans le lieu d'ici, accepté » *(Entretiens sur la poésie).* Les moyens poétiques de cette acceptation sont une conception de l'écriture comme *parole,* qui peut seule « rebâtir une économie de l'être-au-monde, une intelligence de ce qui est » *(Entretiens sur la poésie)* en fondant dans son accomplissement l'être du poète, en postulant la présence de l'autre, en accueillant la polysémie des mots autant que le silence. Mais l'illusion spiritualiste du langage menaçant toujours de reparaître, cette poésie est constamment travaillée par un mouvement critique interne : l'image n'est acceptée que pour être mise à l'épreuve ou révoquée. Bonnefoy se tient ainsi avec obstination « dans le leurre du seuil » : entre absence et présence, entre réalité et mystification du langage, dans un point de passage où le réel se construit sur la reconnaissance de l'illusion. On apprécie d'autant mieux la fermeté exemplaire, l'hiératisme splendide — proche parfois d'un Maurice Scève — d'une parole qui s'avoue aussi précaire.

Principaux recueils : *Anti-Platon* (1947) ; *Du Mouvement et de l'immobilité de Douve* (1953) ; *Hier régnant désert* (1958) ; *Pierre écrite* (1965) ; *Dans le leurre du seuil* (1975).

A consulter : J.E. Jackson, *Yves Bonnefoy,* Seghers, 1976, coll. « Poètes d'aujourd'hui » ; J.-P. Richard, *Onze Études sur la poésie moderne,* éd. du Seuil, 1964 ; Yves Bonnefoy, *Entretiens sur la poésie,* La Baconnière, 1981.

AUX ARBRES

Vous qui vous êtes effacés sur son passage,
Qui avez refermé sur elle vos chemins,
Impassibles garants que Douve même morte
Sera lumière encore n'étant rien.

Vous fibreuse matière et densité,
Arbres, proches de moi quand elle s'est jetée
Dans la barque des morts et la bouche serrée
Sur l'obole de faim, de froid et de silence.

J'entends à travers vous quel dialogue elle tente
Avec les chiens, avec l'informe nautonier,
Et je vous appartiens par son cheminement
A travers tant de nuit et malgré tout ce fleuve.

Le tonnerre profond qui roule sur vos branches,
Les fêtes qu'il enflamme au sommet de l'été
Signifient qu'elle lie sa fortune à la mienne
Dans la médiation de votre austérité.

Du Mouvement et de l'immobilité de Douve, 1953,
Mercure de France.

VRAI NOM

Je nommerai désert ce château que tu fus,
Nuit cette voix, absence ton visage,
Et quand tu tomberas dans la terre stérile
Je nommerai néant l'éclair qui t'a porté.

Mourir est un pays que tu aimais. Je viens
Mais éternellement par tes sombres chemins.
Je détruis ton désir, ta forme, ta mémoire,
Je suis ton ennemi qui n'aura de pitié.

Je te nommerai guerre et je prendrai
Sur toi les libertés de la guerre et j'aurai
Dans mes mains ton visage obscur et traversé,
Dans mon cœur ce pays qu'illumine l'orage.

Du Mouvement et de l'immobilité de Douve, 1953,
Mercure de France.

Navire d'un été,
Et toi comme à la proue, comme le temps s'achève,
Dépliant des étoffes peintes, parlant bas.

Dans ce rêve de mai
L'éternité montait parmi les fruits de l'arbre
Et je t'offrais le fruit qui illimite l'arbre
Sans angoisse ni mort, d'un monde partagé.

Vaguent au loin les morts au désert de l'écume,
Il n'est plus de désert puisque tout est en nous
Et il n'est plus de mort puisque mes lèvres touchent
L'eau d'une ressemblance éparse sur la mer.

O suffisance de l'été, je t'avais pure
Comme l'eau qu'a changée l'étoile, comme un bruit
D'écume sous nos pas d'où la blancheur du sable
Remonte pour bénir nos corps inéclairés.

Pierre écrite, 1965, Mercure de France.

LA LUMIÈRE, CHANGÉE

Nous ne nous voyons plus dans la même lumière,
Nous n'avons plus les mêmes yeux, les mêmes mains.
L'arbre est plus proche et la voix des sources plus vive,
Nos pas sont plus profonds, parmi les morts.

Dieu qui n'es pas, pose ta main sur notre épaule,
Ébauche notre corps du poids de ton retour,
Achève de mêler à nos âmes ces astres,
Ces bois, ces cris d'oiseaux, ces ombres et ces jours.

Renonce-toi en nous comme un fruit se déchire,
Efface-nous en toi. Découvre-nous
Le sens mystérieux de ce qui n'est que simple
Et fût tombé sans feu dans des mots sans amour.

Pierre écrite, 1965, Mercure de France.

Imagine qu'un soir
La lumière s'attarde sur la terre,
Ouvrant ses mains d'orage et donatrices, dont
La paume est notre lieu et d'angoisse et d'espoir.
Imagine que la lumière soit victime
Pour le salut d'un lieu mortel et sous un dieu
Certes distant et noir. L'après-midi
A été pourpre et d'un trait simple. Imaginer
S'est déchiré dans le miroir, tournant vers nous
Sa face souriante d'argent clair.
Et nous avons vieilli un peu. Et le bonheur
A mûri ses fruits clairs en d'absentes ramures.
Est-ce là un pays plus proche, mon eau pure ?
Ces chemins que tu vas dans d'ingrates paroles
Vont-ils sur une rive à jamais ta demeure
« Au loin » prendre musique, « au soir » se dénouer ?

Pierre écrite, 1965, Mercure de France.

• **La poésie et l'image**

« Et quant à la poésie, je tendais, et je tends toujours, à en proposer une conception dialectique, où dans un premier mouvement rêveur elle se donnerait à l'image, mais pour critiquer celle-ci ensuite, au nom de l'incarnation, pour la simplifier, l'universaliser, pour finir par l'identifier aux données simples de l'existence, révélées un infini encore mais par l'intérieur cette fois, par la résonance — qu'aucune nostalgie ne vient plus troubler — de leur suffisance à chacune. »

Entretiens sur la poésie, éd. de la Baconnière.

• **La poésie : de l'absence à la présence**

« J'avance (...) que l'invention poétique n'est pas de déplacer une signification au profit d'une autre plus générale ou même plus intérieure, comme ferait le philosophe qui fait apparaître une loi ou le psychanalyste qui met à jour un désir ; et qu'elle n'est pas davantage de relativiser toute signification au sein des polysémies d'un texte ; mais de remonter d'une absence — car toute signification, toute écriture, c'est de l'absence — à une présence, celle de telle chose ou tel être, peu importe, soudain dressée devant nous, en nous, dans l'ici et le maintenant d'un instant de notre existence. »

Ibid.

• **Pour une étude de « Navire d'un été »**

1. Angoisse et conjuration : la mort, centrale dans le poème, assimilée à une extériorité menaçante ; le désir d'une durée qui échappe à la successivité : brouillage des indications temporelles, continuité créée par les répétitions, achèvement de chaque strophe sur un temps étale ; de la dualité amoureuse à l'unité du « nous » par l'intermédiaire de l'« offrande » : don de soi et oblation du monde.

2. La « suffisance » : les images de l'intériorité, le schème dynamique de la croissance intérieure, qui gouverne aussi l'évolution métrique du poème. La « ressemblance » et la thématique de l'eau, substance érotique et élément réunificateur du monde.

3. Une immanence problématique : tentation du mysticisme (cf. les références religieuses : l'« arbre » et le « fruit », la « bénédiction » finale...), et désir d'assumer l'univers présent en refusant toute fuite vers un au-delà. L'attirance pour les points-limites et les matières désagrégées (« proue », « écume », « sable »...) où le réel « s'achève » — s'accomplit et se défait.

PHILIPPE JACCOTTET (né en 1925)

Originaire de Moudon, en Suisse, il poursuit des études de lettres à Lausanne avant de devenir à Paris collaborateur des éditions Mermod. Installé à Grigan (Drôme) depuis son mariage, en 1953, il développe, avec discrétion et persistance, à l'écart de la vie littéraire parisienne, son œuvre poétique en même temps que son travail de traducteur (Hölderlin, Rilke, Musil, entre autres) par lequel il est surtout connu du grand public.

Proche en cela de Supervielle, Philippe Jaccottet fait du travail du poète une œuvre de persistance et de fidélité ; l'écriture attentive maintient et sauve ce qui est, car le poète est là pour « veiller comme un berger » et « appeler/tout ce qui risque de se perdre s'il s'endort » *(L'Ignorant)*. Nul désir de conquête ou de possession ne commande cette tentative : ce qui est préservé du monde est ce par quoi il nous échappe, ce qui est maintenu est une même acceptation de ne rien posséder. Le poète est « l'ignorant » dont Jaccottet a fait le titre d'un de ses recueils, il « élève un peu la voix / sur le seuil de la porte » *(ibid.)*. S'il n'y a pas d'envers des choses, s'il n'est pas permis d'entrevoir un autre monde, du moins le poète est-il le témoin persistant du désir de dépasser les limites du réel : il habite « une maison légère haut dans les airs » *(ibid.)*, attiré par ce qui, impalpable ou évanescent, semble promettre un dévoilement. Par sa vigilance, il rejoint naturellement le traducteur : même écoute de ce qui est autre que soi, même exigence de justesse dans le langage. Les poèmes y gagnent la qualité rare d'une certitude tremblante, placés au juste point d'équilibre entre la tentation effusive et le retrait des mots.

Principaux recueils : *L'Effraie et autres poésies* (1953) ; *Airs* (1967) ; *Poésies 1946-1967* (1971) ; *A la lumière d'hiver* (1977).

A consulter : Philippe Jaccottet, *L'Entretien des Muses* (essais sur la poésie), Gallimard, 1968 ; Jean-Pierre Richard, *Onze Études sur la poésie moderne,* éd. du Seuil, 1964 ; Jean Onimus, *Philippe Jaccottet, une poétique de l'insaisissable,* Champ Vallon, coll. « Champ poétique », 1982.

Toute fleur n'est que de la nuit
qui feint de s'être rapprochée

Mais là d'où son parfum s'élève
je ne puis espérer entrer
c'est pourquoi tant il me trouble
et me fait si longtemps veiller
devant cette porte fermée

Toute couleur, toute vie
naît d'où le regard s'arrête

Ce monde n'est que la crête
d'un invisible incendie.

Airs, 1967, Gallimard.

Et moi maintenant tout entier dans la cascade céleste,
de haut en bas couché dans la chevelure de l'air
ici, l'égal des feuilles les plus lumineuses,
suspendu à peine moins haut que la buse,
regardant,
écoutant
(et les papillons sont autant de flammes perdues,
les montagnes autant de fumées) —
un instant, d'embrasser le cercle entier du ciel
autour de moi, j'y crois la mort comprise.

Je ne vois presque plus rien que la lumière,
les cris d'oiseaux lointains en sont les nœuds,

toute la montagne du jour est allumée,

elle ne me surplombe plus,

elle m'enflamme.

A la lumière d'hiver, 1977, Gallimard.

Toi cependant,

ou tout à fait effacé,
et nous laissant moins de cendres
que feu d'un soir au foyer,

ou invisible habitant l'invisible,

ou graine dans la loge de nos cœurs,

quoi qu'il en soit,

demeure en modèle de patience et de sourire
tel le soleil dans nos dos encore
qui éclaire la table, et la page, et les raisins.

                                   A la lumière d'hiver, 1977, Gallimard.

Dis encore cela patiemment, plus patiemment
ou avec fureur, mais dis encore,
en défi aux bourreaux, dis cela, essaie,
sous l'étrivière du temps.
                    Espère encore que le dernier cri
du fuyard avant de s'abattre soit tel,
n'étant pas entendu, étant faible, inutile,
qu'il échappe, au moins lui sinon sa nuque,
à l'espace où la balle de la mort ne dévie jamais,
et par une autre oreille que la terre grande ouverte
soit recueilli, plus haut, non pas plus haut,
ailleurs, pas même ailleurs : soit recueilli
peut-être plus bas, comme une eau
qui s'enfonce dans la poussière du jardin,
comme le sang qui se disperse, fourvoyé,
dans l'inconnu.

Dernière chance pour toute victime sans nom :
qu'il y ait, non pas au-delà des collines
ou des nuages, non pas au-dessus du ciel
ni derrière les beaux yeux clairs, ni caché
dans les seins nus, mais on ne sait comment

mêlé au monde que nous traversons,
qu'il y ait, imprégnant ses moindres parcelles,
de cela que la voix ne peut nommer, de cela
que rien ne mesure, afin qu'encore
il soit possible d'aimer la lumière
ou seulement de la comprendre,
ou simplement, encore, de la voir
elle, comme la terre la recueille,
et non pas rien que sa trace de cendre.

A la lumière d'hiver, 1977, Gallimard.

Nuages de novembre, oiseaux sombres par bandes qui
   traînez
et laissez après vous aux montages un peu
des plumes blanches de vos ventres,
longs miroirs des routes désertes, des fossés,
terre de plus en plus visible et grande, tombe
et déjè berceau des herbes,
                              le secret qui vous lie
arrive-t-il qu'on cesse de l'entendre un jour ?

Écoute, écoute mieux, derrière
tous les murs, à travers le vacarme croissant
qui est en toi et hors de toi,
écoute... Et puise dans l'eau invisible
où peut-être boivent encore d'invisibles bêtes
après d'autres, depuis toujours, qui sont venues,
silencieuses, blanches, lentes, au couchant
(ayant été dès l'aube obéissantes au soleil sur le grand pré),
laper cette lumière qui ne s'éteint pas la nuit
mais seulement se couvre d'ombre, à peine,
comme se couvrent les troupeaux d'un manteau
   de sommeil.

A la lumière d'hiver, 1977, Gallimard.

ORIENTATIONS
BIBLIOGRAPHIQUES

Études historiques :

Suzanne BERNARD, *Le Poème en prose de Baudelaire à nos jours,* Nizet.

Robert BRÉCHON, *Le Surréalisme,* A. Colin (U 2).

Roger CAILLOIS, *Les Impostures de la poésie,* Gallimard.

Georges-Emmanuel CLANCIER, *De Rimbaud au surréalisme,* Seghers.

Luc DECAUNES, *Poésie au grand jour,* Champ Vallon, coll. « Champ poétique », 1982.

Henri LEMAÎTRE, *La Poésie depuis Baudelaire,* A. Colin (U).

Métrique et versification :

Pierre GUIRAUD, *La Versification,* P.U.F., coll. « Que sais-je ? ».

Jean MAZALEYRAT, *Éléments de métrique française,* A. Colin.

Henri MORIER, *Dictionnaire de poétique et de rhétorique,* P.U.F.

Études du phénomène poétique :

Jean CHARPIER et Pierre SEGHERS, *L'Art poétique,* Seghers.

ALAIN, *Propos de littérature,* Gallimard.

Maurice BLANCHOT, *L'Espace littéraire,* Gallimard ; *Le Livre à venir,* Gallimard.

Yves BONNEFOY, *Entretiens sur la poésie,* La Baconnière.

André BRETON, *Manifestes du surréalisme,* Gallimard.

Paul CLAUDEL, *Réflexions sur la poésie,* Gallimard.

Paul ÉLUARD, *Donner à voir,* Gallimard.

Gabriel GERMAIN, *La Poésie corps et âme,* éd. du Seuil.

Jules MONNEROT, *La Poésie moderne et le sacré,* Gallimard.

Georges MOUNIN, *La Communication poétique,* Gallimard ; *Poésie et société,* P.U.F.

Jean ONIMUS, *La Connaissance poétique,* Desclée de Brouwer.

Jean PAULHAN, *Clefs de la poésie,* Gallimard.

Francis PONGE, *Pour un Malherbe,* Gallimard ; *Méthodes,* Gallimard.

Jean-Claude RENARD, *Notes sur la poésie,* éd. du Seuil.

Jean-Paul SARTRE, *Qu'est-ce que la littérature ?* (Situations, II), Gallimard.

Paul VALÉRY, *Variété,* Gallimard.

Poétique et linguistique :

Roland BARTHES, *Le Degré zéro de l'écriture,* éd. du Seuil.

Jean COHEN, *Structure du langage poétique,* Flammarion.

Colloque de Cerisy sur *Francis Ponge,* Union générale d'Éditions.

DELAS et FILLIOLET, *Linguistique et poétique,* Larousse.

Hugo FRIEDRICH, *Structures de la poésie moderne,*
    Denoël/Gonthier.

Gérard GENETTE, *Figures,* II, éd. du Seuil ; *Mimologiques,* éd. du
    Seuil.

Roman JAKOBSON, *Essais de linguistique générale,* éd. de Minuit ;
    Questions de poétique, éd. du Seuil.

Julia KRISTEVA, *La Révolution du langage poétique,* éd. du Seuil.

Henri MESCHONNIC, *Pour la poétique,* II, III, IV, Gallimard.

Michael RIFFATERRE, *Sémiotique de la poésie,* éd. du Seuil.

Iouri TYNIANOV, *Le Vers lui-même,* Union générale d'Éditions.

Poétique et imaginaire :

Gaston BACHELARD, *L'Eau et les rêves,* J. Corti ; *La Poétique de
    l'espace,* P.U.F. ; *La Poétique de la rêverie,* P.U.F. ; *La
    Terre et les rêveries du repos,* J. Corti ; *La Terre et les rêveries
    de la volonté,* J. Corti ; *L'Air et les songes,* J. Corti ; *La
    Flamme d'une chandelle,* P.U.F.

Jean BURGOS, *Pour une poétique de l'imaginaire,* éd. du Seuil.

Gilbert DURAND, *Les Structures anthropologiques de l'imaginaire,*
    Bordas.

Georges POULET, *Études sur le temps humain,* I, II, III, IV, Plon
    et éd. du Rocher.

Jean-Pierre RICHARD, *Onze Études sur la poésie moderne,* éd. du
    Seuil.

INDEX

TABLE

Imprimerie Berger-Levrault, Nancy — 779636-12-87
Dépôt légal : décembre 1987
Imprimé en France